Herderbücherei

Band 910

Über das Buch

Wo bleibt die bessere Zukunft, die man jungen Menschen noch vor einigen Jahren versprochen hat? An einem Irrgarten an Reformen hat es nicht gefehlt. Das Ergebnis ist freilich entsprechend deprimierend. Für Schüler und Studenten haben sich die Chancen verschlechtert. Eltern und Erzieher beobachten mit Sorge, daß junge Menschen immer weniger auf die Aufgaben vorbereitet werden, die im privaten, beruflichen und öffentlichen Leben auf sie warten. Wir sind auf dem besten Wege, die junge Generation zu ruinieren. Praxisfeindliche Bildungsreform, innere Zerstörung der Hochschulen und eine mißratene Familienpolitik führen in eine Mißbildungsgesellschaft, die krebsartig ihre eigene Existenzfähigkeit untergräbt. Die meisten Fehlentwicklungen waren vorauszusehen. Doch die Politiker möchten der Wahrheit nicht ins Auge sehen; denn die Geister, die sie riefen, haben sich selbständig gemacht. So hängt alles davon ab, daß die Bürger selbst die notwendigen Abhilfen verlangen und durchsetzen. Dieses Buch bietet ihnen eine Orientierungshilfe.

Über die Autoren

Christa Meves, geboren 1925, Studium der Germanistik, Geographie und Philosophie an den Universitäten Breslau und Kiel. Staatsexamen in Hamburg, dort zusätzlich Studium der Psychologie, Psychagogen-Ausbildung an den Psychotherapeutischen Instituten Hannover und Göttingen. Freipraktizierend in Uelzen. Arztfrau und Mutter zweier verheirateter Töchter.

Heinz-Dietrich Ortlieb, geboren 1910, vormals Direktor des HWWA-Instituts für Wirtschaftsforschung und em. Ordinarius an der Universität Hamburg. Seine Forschungsgebiete: Wirtschaftsordnung und Wirtschaftspolitik, Bildungspolitik und Probleme der Entwicklungsländer.

Christa Meves
Heinz-Dietrich Ortlieb

Die ruinierte Generation

Herderbücherei

Originalausgabe
erstmals veröffentlicht als Herder-Taschenbuch

1. Auflage Januar 1982
2. Auflage Januar 1983

Herder Freiburg · Basel · Wien
Herstellung: Freiburger Graphische Betriebe 1983
ISBN 3-451-07910-0

Inhalt

CHRISTA MEVES

Absage an die Verdrängung der Realität

Wer unter den Machern der öffentlichen Meinung beliebt und erfolgreich sein möchte, wem es auf den Applaus seiner Zuhörer ankommt, kann das mit *einer* Aussage knopfdruckartig erreichen. Er braucht nur zu erklären, unsere Jugend sei gesund und leistungsfähig, sie werde lediglich durch einige wenige Unruhestifter in ein schlechtes Licht gesetzt und von den Miesmachern pauschal mit diesen abgewertet. Das sei eine unzulässige Verallgemeinerung; im Grunde sei alles in schönster Ordnung.

Der Beifall nimmt dann kein Ende. Warum ist das so? Nun, zunächst einmal, weil es mehr als ein Körnchen Wahrheit enthält. Zum Glück ist es noch nicht die gesamte junge Generation, die ruiniert ist. Jeder wird in seinem Umkreis junge Leute kennen – auch unter den heute Zwanzig-bis Sechsundzwanzigjährigen viele –, die durch ihre Lebensführung und ihre Lebenseinstellung zu denen gehören, die man nach Sigmund Freuds Definition „gesund ist, wer lieben und arbeiten kann", mit Fug und Recht als seelisch in Ordnung, als lebenskräftig bezeichnen kann.

Dennoch sind Erklärungen dieser Art in unserer heutigen Situation ein Ärgernis, weil sie daraufhin angelegt sind – oft ohne daß der Redende das selbst im Bewußtsein hat –, eine dumpfe, aber sich von Tag zu Tag mehr Gehör erzwingende Beunruhigung in der Bevölkerung zu beschwichtigen, eine aufkommende Angst zu verleugnen. Das aber ist der zweite Grund dafür, weshalb ein Meinungsmacher dieser Art seines Erfolges gewiß sein kann: Es gehört zu den Eigenschaften des Menschen, Angst unreflektiert loswerden zu wollen, bevor sie ins Bewußtsein tritt. Angst lähmt, Angst nötigt zur Auseinandersetzung, Angst stört. Deshalb haben wir Menschen ein ganzes Arsenal reflexartiger Abwehrmechanismen zur Verfügung, mit denen wir, ohne nachzudenken, versuchen, uns des Störfaktors Angst zu entledigen. Wir verdrängen, verleugnen, verkleinern, zerreden, rationalisieren. Das ist nicht einfach nur Dummheit, sondern gehört zu den natürlichen Selbsterhaltungsmechanismen unserer Art: Ohne einen reflexartig funktionierenden Angstschutz würden wir infolge körperzerstörender Schocks und Psychosen längst als Menschheit ausgestorben sein.

Aber die Verdrängung von berechtigter Angst ist nur bis zu einem gewissen Grad zulässig. Es gibt eben – sowohl im Einzelfall wie in der Geschichte der Völker – Probleme, die so sehr darauf drängen, ins Bewußtsein genommen und durch (meist opferreiche) Veränderungen einer Lösung zugeführt zu werden, daß die schließlich immer krampfhafter werdende Bemühung, sie in die Kiste der Verdrängung zurückzustopfen, mit immer mehr lärmend in Erscheinung tretenden Störungen beantwortet wird. Genauso wie ein Mann, der seine Menschlichkeit, seine Liebe, seine Gefühle auf Kosten seines Egoismus vernachlässigt, schließlich immer häufiger Tobsuchtsanfälle bekommt, sind die Tobsuchtsanfälle ruinierter Jugendlicher ein Indikator dafür, daß unsere Gesellschaft krank ist und des Arztes bedarf. Wer im Einzelschicksal sich seine massiv aus dem Unbewußten hervordrängenden und die Person bedrängenden Probleme nicht anpackt, endet in der Zerstörung zunächst seiner Umwelt, aber schließlich in der Vernichtung der eigenen Person, wobei die Formen eines solchen „Selbstmordes" vielfältig und schleichend sein können. Auch die katatone Agonie, das Versinken in stumpfer, entleerter Gleichgültigkeit, das Versanden in kraftlosem Stumpfsinn gehört dazu.

Aber nicht nur Kasuistik der Einzelperson, sondern auch die Geschichte der Völkerschicksale kann uns Verläufe dieser Art aufzeigen. Deshalb: Wer die alarmierenden Symptome einer unruhig und labil werdenden jungen Generation mit angstverdrängenden, beifallheischenden Sprüchen in unserer Situation immer noch unter den Teppich zu kehren sucht, macht sich gefährlicher Unterlassungssünden schuldig.

Kein Gärtner, der sieht, daß sein kostbarer Rosenstock von Ungeziefer befallen ist, kein Hausherr, der auf seinem Dachboden die Spuren des Holzbocks feststellt, kein Arzt, der bei seinem Patienten einen viel zu hohen Blutdruck diagnostiziert, wird sich erlauben (wie es viele Zeitgenossen tun, wenn man sie mit unserem Problem konfrontiert), zu sagen: „Es ist dafür gesorgt, daß die Bäume nicht in den Himmel wachsen", oder: „Dazu brauchen wir nur Geduld – das zieht sich von allein wieder zurecht."

Das Problem *kann* sich nicht von allein zurechtziehen, weil es sich um wesentlich schwerere Krankheitszeichen handelt, als um eine kleine Schrunde an einem sonst durch und durch heilen Körper. Das ist beweisbar. Es zeigt sich in der verheerenden Zunahme sogenannter negativer Sozialindikatoren, die in den statistischen Jahrbüchern belegt sind. So betrug zum Beispiel die Zahl der 1963 verurteilten vierzehn- bis sechzehnjährigen Jugendlichen 14871, 1978 aber 25368. Das ist eine Zunahme um 77 Prozent – und das, obgleich man heute schon ein „schwerer Junge" sein muß, um von einem Jugendrichter in diesem Alter rechtskräftig verurteilt zu werden, wie ich aus der langjährigen Erfahrung als Gutachterin beim Jugendgericht erfahren konnte. Unsere Jugendgerichtsbarkeit ist mit Recht eher auf Erziehung als auf Bestrafung aus – freilich ohne erkennbaren Erfolg. So hat zum Beispiel die Zahl der wegen Diebstahls verurteilten vierzehn- bis achtzehnjährigen Jugendlichen trotz der weichen Welle in der Gerichtsbarkeit von 1963 bis 1978 um 37 Prozent zugenommen. Oder eine andere Zahl: 1977 zahlte die Bundespost 7,5 Millionen DM für die Beschädigung von Telefonhäuschen durch meist jugendliche Täter, 1980 waren es bereits 11 Millionen DM, die zur Wiederherstellung der gewaltsam beschädigten öffentlichen Telefoneinrichtungen aufgewendet werden mußten. Oder: 1960 wurden in der Bundesrepublik 49529 Ehen geschieden, 1976 108369 – eine Steigerung um 120 Prozent. Oder: 60 Prozent der Jugendlichen von 1981 sind regelmäßige Alkoholkonsumenten, 10000 Jugendlichen sind (registriert!) rauschgiftsüchtig. Die Zahl der Rauschgifttoten erhöhte sich im letzten Jahrzehnt um 500 Prozent.

Die Antwort unserer Verantwortlichen auf solche Bilanzen – die Morde der Terroristen, die zerschlagenen Fensterscheiben und verwundeten Ordnungshüter eingeschlossen –, man müsse mehr das Gespräch mit den jungen Menschen suchen, um durch Befragung die Ursachen ihres Mißbehagens herauszufinden, zeugt von einer geradezu entmutigenden Oberflächlichkeit und laienhaften Uneinsichtigkeit.

Als wenn ein Mensch, der sich schlapp und lustlos fühlt, weil er an einer schweren Stoffwechselkrankheit leidet, durch Befragung zu einer Erkenntnis seines Leidens kommen könnte, als wenn der tobsüchtige Boss wüßte, warum er tobt! Psychologische Institute zumindest, die sich dazu hergeben, Ursachenforschung dieser Art durch Befragung der Befallenen anzustellen, sollten sich eher ihr Schulgeld wiedergeben lassen oder am besten wegen allzu augenfälliger Inkompetenz geschlossen werden. Die eigentlichen Ursachen für emotionale Eruptionen und selbstbeschädigende Verhaltensweisen sind in den seltensten Fällen im Bewußtsein. Im Gegenteil: Es gehört zu ihren typischen Gegebenheiten, daß die Wahrheit verdrängt und an ihre Stelle eine ganze Batterie von plausiblen, zur Selbstbeschwichtigung und Selbstrechtfertigung taugenden Scheinbegründungen gesetzt wird.

Die Tatsache, daß die Chaoten von Berlin, Freiburg und Zürich eine bestimmte Anzahl von Begründungen in ähnlicher Prozentzahl angaben, ist kein Zeichen für die wissenschaftliche Relevanz der Aussagen, sondern lediglich für das Schildbürgerhafte der Methode, die sich zwar Wissenschaft nennen mag, aber mit dem Dienst an der Wahrheit wenig zu tun hat.

Die Geschichte wird nur teilweise, oft nur scheinbar von Männern gemacht. Sie unterliegt großen Lebensgesetzen mehr, als daß sie Machwerk einzelner ist. Das „Fortune“ großer Staatsmänner, die Möglichkeit des zeitprägenden Einflusses einer bestimmten Person mit einem bestimmten Geist hat immer schon sehr viel zu tun gehabt mit zeittypischen Trends,

Bereitschaften, Bedürfnissen und Lebensformen der regierten Menschen.

Auch heute sind wir immer noch weit davon entfernt, die Gesetze des komplizierten Wirkungsgefüges des Zeitstromes auch nur annähernd wissenschaftlich in den Griff zu bekommen. Im Gegenteil: Unsere sogenannten Humanwissenschaften befleißigen sich mehr und mehr positivistischer Methoden, wobei die rational erfaßbaren Details unzulässigerweise für das Ganze genommen werden, so daß die Möglichkeiten, zeittypische Entwicklungen in ihren verursachenden Hintergründen zu erfassen, eher schwinden, als daß sie – trotz des großen Aufwandes – vermehrt werden.

Eine solche Eliminierung unbewußter Hintergründe können wir uns in unserer Situation heute aber nicht im mindesten mehr leisten, weil unsere Existenz in der Zukunft davon abhängt, ob wir tapfer genug sind, aus den verheerenden Folgen unserer Versäumnisse zu lernen, die wahren Ursachen aufzudecken und heilende Veränderungen anzuberaumen.

Dazu muß als erstes einmal die Wahrheit auf den Tisch: Diese unsere junge Generation – und damit sollen hier die Jahrgänge ab 1955 verstanden werden – ist in der Gefahr, ruiniert zu werden. Zwar gibt es noch ganze Straßenzüge mit schmucken, stabilen, tragfähigen Seelenhäusern, andere haben nur noch eine passable Fassade, während innen bereits das Chaos herrscht, manche sehen stabil aus, haben aber brüchige Fundamente, bei anderen scheint „aus den öden Fensterhöhlen" bereits „das Grauen". Die Gefahr, daß der Ruin in der jungen Siedlung fortschreitet, ist riesengroß. Die neu errichteten Häuser werden weiter unbekümmert aus dem gleichen Material gebaut, das sich bereits als gefährlich untauglich erwiesen hat; (um im Bild zu bleiben) man versucht sogar die Eigentümer der heilen Häuser, dazu zu überreden, die tauglichen Trägerbalken durch untaugliche zu ersetzen; man bemüht sich geradezu krampfhaft, alle Häuser auf das gleiche, gefährlich labile Niveau zu bringen.

Ruin in Seelenhäusern dieser Art war für alle die vorauszusehen, die etwas von tauglichem und untauglichem Material beim Bau von Seelenhäusern verstehen; direkt ausgedrückt: Es gibt Entfaltungsbedingungen des Menschen, die beachtet sein wollen bzw. deren Mißachtung Ruin in der jungen Generation zwangsläufig hervorrufen muß. Um diese Bedingungen in ihrer Bedeutsamkeit erkennbar zu machen, haben die Autoren dieser Schrift in der Mitte der sechziger Jahre – der eine auf dem Boden der Wirtschaftswissenschaft, der andere auf dem Boden der Entwicklungspsychologie, der Verhaltensforschung, der Psychopathologie und der praktischen Arbeit als Kinder- und Jugendlichenpsychotherapeut – Prognosen über den Zustand der jungen Generation der achtziger Jahre erstellt. Sie taten das sehr bewußt in Vorträgen, Zeitungsartikeln und Büchern, die sie von der Mitte der sechziger Jahre an schrieben; denn die Richtigkeit einer wissenschaftlichen Beobachtung durch die eintreffende Prognose zu erweisen, ist in der Humanwissenschaft fast die einzige Möglichkeit, um unter der Vielfalt denkbarer verursachender Faktoren die realiter am meisten wirksamen herauszufiltern. Die Prognosen sind eingetroffen. Diese Feststellung treffen die Autoren ohne Triumph. Ihnen wäre es lieber gewesen, die Theorien wären falsch gewesen und die Prognose für das Ende dieses Jahrhunderts weniger bedrückend. Heute befindet sich unser Land in einer Situation, in der ratlose Regierende nur noch scheinbar das Heft in der Hand haben. Sie sind in der Gefahr, das drohende innere Chaos nicht mehr bewältigen zu können. Ein zwanzigjähriger Wehrdienstverweigerer sagte in der Praxis: „Es ist doch wirklich besser, wir leben friedlich unter Honecker, als unter dem Zwang dieses amerikanischen Militarismus. Wir Jungen lassen uns dergleichen Nötigung nicht mehr lange gefallen. Wir werden uns erheben."

Erheben, um Friedenspalmen-schwenkend gen Osten zu pilgern, in ein Land, in dem Wehrdienstverweigerer u. U. zu harter Gefängnisstrafe verurteilt werden, wie zum Beispiel Nico Hübner, und als junge Deutsche in vorderster Front zu stehen, wenn der Kreml militärische Invasion befiehlt? Die Unfähigkeit, die Wirklichkeit erkennen zu können, ist ein Merkmal seelischer Entwicklungshemmung. Die Hintergründe der Entstehung solcher gefährlichen Störungen sollen in den folgenden Ausführungen noch einmal so nachhaltig wie möglich neu aufgezeigt werden, weil nichts unversucht bleiben darf, um dem Ruin der jungen Generation Einhalt zu gebieten.

Noch ist es dazu nicht gänzlich zu spät, noch ist der Bürgerkrieg nicht generell ausgebrochen. Hätten wir nur den Mut, die verdrängten Probleme, für die die Revolten der Jungen ein Fanal sind, als ein Existenzproblem ersten Ranges zu erkennen, hätten wir den Mut, die schädigenden Ursachen wirklich und nachhaltig auszuräumen, so wäre das auch praktisch realisierbar. Eine Menschheit, die zum Mond fliegen kann, könnte sich gewiß auch diejenigen Bedingungen wirksam schaffen, die zu einem seelisch gesunden Lebensaufbau nötig sind. Es gilt lediglich, das als existentielle Priorität zu erkennen. Die Chance aber, daß das durch diejenigen geschieht, die in den abbröckelnden Seelenhäusern selbst zu hausen haben und denen infolgedessen die Angst im Nacken sitzt, ist größer, als wenn der Anstoß von denen kommt, die in wohlrenovierten und beschützten Palästen residieren. Das soll heißen: Auf das Bewußtsein der Wähler kommt es in unserer liberalen Demokratie an, damit die verdrängungsbereiten Politiker endlich handeln!

Es soll zu diesem Zweck in den folgenden Kapiteln so verfahren werden, daß zunächst eine Sammlung von Zitaten beider Autoren aus Aufsätzen der sechziger Jahre bis zum Beginn der siebziger Jahre mit Prognosen als eine Vorschau, danach von 1981 als Rückschau eine Darlegung des verursachenden Gefüges zunächst aus entwicklungspsychologischer, danach aus gesellschaftsökonomischer Sicht gebracht werden soll. Danach werden Vorschläge zu sanierenden Maßnahmen entworfen, in dem Bemühen, den Fortgang des Ruins in der jungen Generation abzuwehren.

HEINZ DIETRICH ORTLIEB

Vorausschau 1968

Gesellschaftsreform durch Studentenrevolten?

> Die kommunistische Gesellschaft und die freie Marktwirtschaft, „beide sind ... aus der gleichen Wurzel hervorgegangen, der Großorganisation der Masseníndustrie, und beide haben die Gehäuse der Selbstentfremdung ausgebildet: Verwaltungen, Großbetriebe, eine unabsehbare Hierarchie von Behörden, Labyrinthe von Gesetzen und Verordnungen – die Verlorenheit des einzelnen im Ozean der Massen und seine Reduktion zu Null-acht-fünfzehn ..." Diese Selbstentfremdung „ist das eigentlich revoltierende Phänomen des modernen Lebens, gegen das alle Demonstrationen und aller Krawall ohnmächtig sind und nur an den Lärm erinnern, mit dem die Eingeborenen in entlegenen Gegenden Afrikas eine Mondfinsternis zu verscheuchen suchen".
>
> *Siegfried Landshut*

Vorbemerkung

Dieser Essay behandelt ein Thema, das im letzten Jahre (1967/68) unsere Öffentlichkeit besonders bewegt hat und auf unbestimmte Zeit noch weiter bewegen wird. Es ist unwahrscheinlich, daß die Studentenunruhen Zeiterscheinungen sind, die so rasch wieder verschwinden werden, wie sie aufgeflackert sind. Daran werden auch mehr oder weniger gelungene Hochschulreformen nichts ändern können. Wie zu zeigen sein wird, ist die Rebellion der Jugend ein allgemeines gesellschaftliches Phänomen, das durch die rückständigen Hochschulverhältnisse wohl gefördert, aber nicht eigentlich verursacht worden ist.

Wahrscheinlich wird es das Schicksal dieser Schrift sein, von vielen Lesern mißverstanden zu werden. Dies ist fast unvermeidlich, wenn die behandelte Thematik so vielschichtig und komplexbeladen wie in diesem Falle ist und wenn der Verfasser sich mit seiner Meinung nicht in die altgewohnten und allgemein anerkannten Frontstellungen einordnen läßt. Um die vielfältigen Möglichkeiten des Mißverständnisses zu verringern, sei der Hinweis erlaubt, daß hier ein alter Sozialist schreibt, der bereits 1931 dem sozialistischen Studentenbund beitrat.

Dies kann ihn allerdings heute nicht von der Warnung abhalten, den Nonkonformismus unserer Jugend falsch einzuschätzen und in ihm etwa das Wirken einer Fortschrittsdialektik zu sehen. Man sollte nicht vergessen: Diese Jugend ist unser eigenes Produkt, d. h., sie ist das Produkt unserer Wirtschaftswunderjahre. Sie ist in ihren extrem emotionalen Reaktionen ambivalent. Sie mißachtet gleichzeitig den Wohlstand und will ihn doch als selbstverständlich für sich in Anspruch nehmen. Sie zielt damit auf Unvereinbares, indem sie die Maximierung des Sozialprodukts als Fetisch des Establishments „entlarvt", aber gleichzeitig so viele Dinge auf einmal verlangt, daß zu deren Realisierung ein „Wirtschaftswunder wie noch nie" erforderlich wäre. Sie hat keinen Respekt vor den Leistungen ihrer Eltern, weil sie mit den Begleiterscheinungen dieser Leistungen nichts anzufangen weiß, und schüttet das Kind mit dem Bade aus, indem sie sich und ihrer Umwelt einzureden sucht, daß Leistung und Leistungswille in Zukunft von zweitrangiger Bedeutung sein werden. Sie haßt offensichtlich den Individualismus der älteren Generation, steckt aber selbst in narzistischen Entwicklungsneurosen, die es ihr unmöglich machen, realistische Vorstellungen von einem Gemeinschaftsleben zu entwikkeln. Ihre Sehnsucht nach einem Miteinanderleben mag in vielen Fällen echt sein. Ihre Fähigkeit, es zu verwirklichen, ist aber äußerst zweifelhaft; denn ihre Eltern haben sie dazu nicht erzogen. Und die Opposition unserer jungen Revoluzzer geht – von seltenen Ausnahmen abgesehen – nicht so weit und so tief, daß sie das Opfer der Selbsterziehung auf sich zu nehmen bereit wären. Sie wollen die ältere Generation nicht beschämen, sondern erschrecken. Das entspricht mehr ihren aus Angst geborenen aggressiven Bedürfnissen; und es ist vor allem bequemer.

Der Mensch kann nur durch Erziehung zu einem Gemeinschaftswesen werden. Das gilt heute und besonders für ein demokratisches Gemeinwesen mehr den je zuvor und wird dadurch nicht widerlegt, sondern bestätigt, daß in unseren Tagen schon das Wort „Erziehung" selbst bei vielen der älteren Generation verpönt ist und daß das Wort „Selbstdisziplin" bei der Jugend in der Regel nur Gelächter auslöst. Solche Worte vertragen sich nicht mit den Devisen unserer Zeit, weder mit den bisherigen unseres Establishments noch mit denjenigen, die neuerdings aus dem Munde junger Menschen zu hören sind. Das Schlimme ist, daß diese neuen und doch ewig alten Utopien kein realistisches Bild vom Menschen und seiner sozialen Natur ertragen, daß sie Freiheit nur in einem libertinen Sinne des Tun-und-Lassen-Könnens für jedermann zu verstehen vermögen.

Wenn unsere jungen Rebellen und ihre älteren Anstifter und Mitläufer heute ausgezogen sind, die Tabus des Establishments zu töten, so tun sie recht daran. Nur merken sie nicht, wie sehr sie selbst von eigenen Tabus gehemmt sind, über die auch sie keine Diskussion wünschen und über die sie sofort ins Stolpern geraten müssen, sobald sie versuchen sollten, etwas Neues, Lebensfähiges aufzubauen. Sie haben daher keinen Zugang zu jener Freiheit, auf die es in Zukunft ankommen wird und die aus dem Bemühen um Einsicht in das für die Stabilisierung der möglichen Freiheit Notwendige erwächst.

So ist die Rebellion der Jungen nicht die schöpferische Antwort auf eine Notlage, in die uns das Versagen der älteren Generation gebracht hat. Sie besteht vielmehr aus den utopischen Forderungen der Kinder, die Freiheitsrechte, die sie von den Eltern mißbraucht sehen, selbst noch früher und stärker als jene mißbrauchen zu dürfen. Die einzige Chance, die erkennbar ist, besteht nicht darin, diesen Forderungen nachzugeben, sondern aus der erschreckenden Reaktion der Kinder, die eigenen Fehler und Irrtümer zu begreifen und endlich zu tun, was notwendig ist.

Dieser Essay wendet sich in erster Linie an die ältere Generation; denn von ihrem Verhalten hängt es ab, welche Wirkungen von der Rebellion der Jugend ausgehen werden. Eine Jugend, die sich blind ihren Gefühlen hinzugeben beginnt, verliert die Freiheit der Entscheidung; von ihr ist nur noch „Reaktion" zu erwarten. Die ältere Generation hat vielleicht noch einen Rest von Entscheidungsfreiheit trotz der politisch lähmenden Wirkung der Wirtschaftswunderjahre übrigbehalten. Nach den bisher erkennbaren Anzeichen steht allerdings zu befürchten, daß unter dem Schock dieser Revolten weder ausreichender Widerstand gegen sie geleistet, noch das Notwendige getan wird und daß, sobald der Schock auch nur ein wenig nachläßt, das Phänomen dieser Rebellion wieder defaitistisch bagatellisiert wird.

Deshalb gilt in Sachen der Gesellschafts- und Hochschulreform der zwischen optimistischer Nachgiebigkeit und zu flüchtigem Interesse schwankenden Haltung der älteren Generation die Warnung Schumpeters: „Freimütig auch unheilschwangere Tatbestände aufzuzeigen, war noch nie so nötig wie heute; denn es scheint, wir haben den Eskapismus, die Flucht vor der Wirklichkeit, zu einem Denksystem entwickelt. Die Tatsachen und die Folgerungen sind sicher weder erfreulich noch tröstlich. Jedoch sie sind nicht defaitistisch. Ein Defaitist ist, wer mit den Lippen sich zum Christentum und all den anderen Werten unserer Kultur bekennt und dennoch sich weigert, zu ihrer Verteidigung zu den Waffen zu greifen; gleichviel, ob er ihren Untergang als eine selbstverständliche Gewißheit ansieht oder sich mit nichtigen Hoffnungen täuscht, wo keine Hoffnung ist. Denn heute ist eine jener Situationen, in denen Optimismus nichts ist als eine Form der Pflichtvergessenheit."

I. Mißverständliche Revolten

Was bedeutet das plötzliche Aufflammen einer von Teenagern und Twens getragenen außerparlamentarischen Opposition für unsere Demokratie? Was bedeutet es, daß Gruppen junger Intellektueller die Opposition zu ersetzen suchen, die uns im Parlament fehlt, daß studentische Minderheiten von der Straße aus Politik zu machen suchen, daß sie angeblich oder tatsächlich Versäumtes erzwingen wollen, ja daß sie letztlich das vielgeschmähte Establishment stürzen, die Gesellschaft umkrempeln möchten? Was bedeutet ihr Ruf nach mehr Freiheit, ihr Gleichsetzen von Autorität und autoritär, wo doch heute mehr denn je zuvor jeder tun und lassen kann, was er mag? – Sind es anarchistische Fieberanfälle, die den Organismus unserer unbeweglich gewordenen Schönwetterdemokratie aktivieren werden? Ist es die Krankheit, an der ein gesunder Organismus sich erst eigentlich bewährt? Oder ist es das Siechtum, das dem Tode vorausgeht? Wird die Revolte Linksintellektueller eine Eskalation von Reaktion und Gegenreaktion hervorrufen, zwischen denen unsere demokratischen Freiheitsrechte zerrieben werden?

Darauf ist nicht ohne weiteres eine eindeutige Antwort möglich. Was aber auf jeden Fall bedenklich stimmen muß, sind weniger die Aktionen „in Revolution machender Jugendlicher", selbst wenn sie aus Gründen eines voreiligen Solidarismus kaum auf Widerstand in den eigenen Reihen stoßen, als die große Unterschiedlichkeit, mit der unsere Öffentlichkeit darauf reagiert. Diese Reaktion reicht von unbedingter und bedingter Zustimmung über Schadenfreude, Ratlosigkeit und Verstörtheit bis zu Ablehnung und offenem Empörtsein. Dabei scheinen allseitige Mißverständnisse vorzuherrschen. Keiner scheint den anderen zu verstehen und sich selbst meist nicht besser! Eine babylonische Sprachverwirrung ist ausgebrochen, und je mehr sich die ältere Generation darum bemüht, einen Sinn in die Revolten hineinzuinterpretieren, um so trotziger beharren die jungen Revoluzzer darauf, jede Verständigungsmöglichkeit zu leugnen. Konflikt und Änderung der Verhältnisse sind offensichtlich Selbstzweck geworden und bieten in dieser abstrakten und grundsätzlichen Form keinen Ansatzpunkt zu einer konstruktiven Bewältigung ungelöster Probleme. Bewilligte Forderungen sind nur Anlaß, neue Forderungen zu stellen. Öffentliche Diskussionen sind nicht dazu da, um Streitpunkte zu klären, sondern um beschuldigende Monologe zu halten, Show-Effekte zu erzielen, Prestigebedürfnisse zu befriedigen und möglichst Anlaß zu neuen Gefühlsaufwallungen zu liefern. Ein „Klassenkampf" der Generationen scheint ausgebrochen zu sein.

Hinter der Verneinung der bestehenden Verhältnisse steht bei vielen Opponenten der Glaube, man brauche nur das Establishment zu beunruhigen, indem man die Massen „zum Erwachen" bringe und aufkläre, und schon würde das Notwendige, von dem man nur sehr unklare Vorstellungen hat, geschehen. Nichts zeigt mehr die Realitätsfremdheit unserer jungen Spontanopposition und nicht weniger Parteigänger in der älteren Generation als diese Erwartung.

Was ist mit uns in den letzten 20 Jahren geschehen? Was haben wir unterlassen oder übertrieben, daß unsere Kinder so reagieren? – Kinder pflegen die Fehler ihrer Eltern kompensieren zu müssen, indem sie das von den Eltern Unterlassene um so intensiver zu leben suchen. Liegt hier eine solche psychologische Gesetzlichkeit der Kompensation vor oder wird hier nur der individualistische Eskapismus der Alten von den Jungen bis zur Absurdität zu Ende geführt? Oder geht es hier sogar um beides gleichzeitig? Liegen hinter gleichem Verhalten, gleichen Symptomen unterschiedliche oder ambivalente Motivationen?

Die Unfähigkeit der westdeutschen Universitäten, insbesondere ihre Lehraufgaben ausreichend zu erfüllen, hat jedenfalls nur zum geringsten Teil diese Verhaltensänderung bewirkt. Fragt man sich nämlich, weshalb der Protest der Studenten erst im Jahre 1967 ausgebrochen ist und nicht etwa schon fünf oder zehn Jahre früher, da doch damals die Studienverhältnisse an den Hochschulen insgesamt nicht weniger unzulänglich als heute waren, so wird deutlich, daß in der verschleppten Hochschulreform und in den unzureichenden Bildungsinvestitionen eher ein Anlaß und eine begünstigende Voraussetzung als die eigentliche Ursache der Rebellion zu sehen ist.

Die Gründe müssen anderswo gesucht werden. Sie lagen *einmal* bei der älteren Generation selbst, in der Erschütterung ihres Selbstvertrauens, als das deutsche Wirtschaftswunder rezessiv zu Ende ging und die unterbliebenen Sozialinvestitionen als Unterlassungssünden nicht mehr ignoriert werden konnten, als daher zu dem Unbehagen an der eigenen Saturiertheit Zweifel an der Zulänglichkeit der sachlichen Leistung hinzutraten. Sie beruhten *zum anderen* auf dem Fehlen eines kritisch konstruktiven Gegenprogramms der SPD als Oppositionspartei, das gerade in einem solchen Augenblick dringend gebraucht worden wäre. Sie bestanden *drittens* in der Bildung der großen Koalition, die mit Rücksicht auf die CDU nicht erlaubte, eine neue Politik mit einer radikalen und deutlich erkennbaren Distanzierung von der früheren zu beginnen, und die in der FDP nur eine kleine funktionsunfähige Opposition übrigließ.

Zu den Gründen gehörte *viertens,* daß junge Menschen die Schulen verließen, die noch stärker als die Jahrgänge vor ihnen von der Saturiertheit und Libertinage der Wirtschaftswunderjahre geprägt worden waren. Hinzu kam *fünftens,* daß die viel zu spät und überstürzt eingeleitete Einführung des politischen Unterrichts, so notwendig sie auch war, zunächst mehr negative als positive Wirkungen zeitigte. (Wie sollten auch politisch ungebildete Lehrer politische Bildung betreiben?) Und *sechstens* entstand mit dem erst in den letzten Jahren zunehmend frequentierten Studium der Soziologie und der Politologie ein intellektuelles Proletariat eigener Art an den Universitäten, dessen Berufschancen mäßig sind, das sich dafür aber in seinem Studium das geistige Rüstzeug beschaffen kann, um aus seiner eigenen Situation und intellektuellen Anpassungsneurose eine Krise der Gesellschaft zu machen und damit zum intellektuellen Stoßtrupp der Studentenrevolten werden zu können. Dies alles summierte sich zu einer Wirkung, die – nachdem erst einmal über mehrere Jahre in Berlin experimentiert worden war und auch die USA Vorbilder geliefert hatten – auch die Bundesrepublik erfassen mußte.

II. Anpassungsschwierigkeiten in einer fremden Welt

Ginge es nur um das obstinate Verhalten der jungen Generation, so könnte man geneigt sein, das ganze komplexe Phänomen als Folge von Erziehungsfehlern, von Auswirkungen einer saturierten Umwelt mit ihren Zivilisationsschäden abzutun. – Obwohl schon dann ein bloßes „Abtun" nicht am Platze wäre, denn es läßt sich hier nicht mehr einfach nachholen, was zum richtigen Zeitpunkt versäumt worden ist. – Man könnte sagen: Die junge Generation hat es heute psychisch schwerer als in früheren Zeiten. Körperlich reift sie schneller als frühere Generationen, und auch die intellektuelle Schulung setzt sie dank der veränderten Umwelt früher vor die Notwendigkeit, zu unterscheiden und zu vergleichen. Aber ihre charakterliche Reifung, d. h. ihre Fähigkeit, zu sich und ihrer Umwelt und zu den zwischen Wunsch und Wirklichkeit entstehenden emotionalen Spannungen eine für ihre Urteilsfähigkeit ausreichende Distanz zu gewinnen, hält damit nicht Schritt.

Dies hat vielfältige Gründe; zunächst den, daß der junge Mensch heute meist keine zeitgemäße Orientierungshilfe bei seinen Eltern und Lehrern findet, sei es, daß diese keine Zeit finden können oder wollen, sich um ihn zu kümmern, sei es, daß sie selbst dem verwirrenden Wandlungstempo ihrer Umwelt nicht zu folgen vermögen und daher selbst völlig desorientiert sind, sei es, daß sie unter nachhaltig wirksamen Zeiterlebnissen ihrer eigenen nazistischen oder antinazistischen Vergangenheit für vieles blind oder scheelsehend geworden sind – was dem unbefangenen jungen Menschen auffallen muß. Die sogenannte Bewältigung unserer nazistischen Vergangenheit ist bisher daran gescheitert, daß die Kritiker jener totalitären Jahre sich um das schwierigste, aber pädagogisch wichtigste Problem herumgedrückt haben. Sie haben nämlich (von wenigen Ausnahmen abgesehen) zu zeigen vergessen, wie auch ein im landläufigen Sinne anständiger Mensch Nationalsozialist werden konnte, ja wie gerade idealistisch gesonnene junge Menschen aufgrund bestimmter politischer Umstände und besonderer persönlicher Erlebnisse durch jene Ideologie angesprochen werden konnten. Wenn vor allem dies immer wieder klargemacht worden und die nationalsozialistische Bewegung nicht entweder reidealisiert und verharmlost oder als die Bewegung von Verbrechern, Bankrotteuren und Opportunisten versimpelt dargestellt worden wäre, könnte unsere junge Spontanopposition heute viel leichter verstehen, daß sie wahrscheinlich im Begriff ist, den gleichen Fehler wie die rechts- und linksradikale Jugend der Weimarer Republik zu machen. Die ideologischen Unterschiede fallen bei einem solchen Vergleich nicht ins Gewicht. Auch die jungen Nazis und Kozis der Weimarer Jahre standen aus mehr oder weniger berechtigten Gründen in Opposition zu ihrem groß- oder kleinbürgerlichen Elternhaus und hielten sich für die Exponenten der Zukunft; nur wußten sie damals noch nicht, was diese hitleristische und stalinistische Zukunft, für die sie marschierten, praktisch bedeuten würde.

So verloren Schule und Elternhaus allzu schnell die Autorität, die der junge Mensch für die Zeit des Erwachsenwerdens heute mehr denn je braucht, um mit den so verwirrend vielfältigen und widerspruchsvollen Erscheinungen, in denen er die Umwelt (überwiegend aus zweiter Hand) erlebt, fertig zu werden. Die emotional bestimmten Vereinfachungen, zu denen er seine Zuflucht nimmt, werden dann unvermeidlich mehr kritisch abwertenden als anerkennenden oder überhöhenden Charakter haben.

Scheint ihm das, was Eltern und Lehrer zu seiner Orientierung zu bieten haben, nicht mehr ausreichend zu sein, so beginnt der junge Mensch schon als Kind in Ermangelung besserer Informationsquellen sich ein Bild von der Welt aus dem zurechtzuzimmern, was ihm Film, Fernsehen, Illustrierte und Boulevardpresse an Material zu bieten haben. Und das Bild, das daraus entsteht, ist schauerlich genug, weit schlechter als die wirkliche Welt mit allen ihren Unzulänglichkeiten. Denn unsere Kommunikationsmittel sind aus dem zunächst völlig legitim erscheinenden Wunsche, Massenerfolge zu erzielen, mehr um die Pflege von Sentimentalitäten und Ressentiments, von

Sensationen und Abnormitäten als um eine vernünftige Information bemüht und stiften dadurch meist mehr Verwirrung als Klarheit in den Köpfen unserer Staats- und Wirtschaftsbürger. Das gilt nicht nur, wenn kommerzielle Erfolge das oberste Leitmotiv sind.

Alsdann geraten unsere werdenden Intellektuellen unter den Einfluß der modernen Literatur und fühlen sich durch diese bestätigt. Denn unsere modernen Literaten – ob sie nun zeitkritisch oder schlechthin mit dem Menschen befaßt sind – fördern gerne eine nihilistische Atmosphäre, indem sie ein neurotisch und egozentrisch überzeichnetes Bild menschlicher Haltungen und Situationen entwerfen, das um so „normaler" wirkt, je anormaler es gestaltet ist. Man sehe sich manche der introvertierten Helden, die über ein Selbstmitleid und eine ständige Provokation ihrer Umwelt nicht hinausgelangen, bei Salinger und bei Böll einmal an, und man wird entdecken, daß es dieselben Figuren sind, die wir nur allzu zahlreich auch unter unseren jungen Rebellen finden. Sie interessieren sich nur für ihre Umwelt, soweit sie diese beschuldigen und provozieren können, und nicht, weil es ihnen um sachliche Diskussion und Verständnis geht.

Unter dem Einfluß dieser dubiosen Welt aus zweiter Hand bleibt für die Jugend kaum Platz mehr für konstruktive Zielsetzungen und klare Leitbilder. Um so weniger, wenn in Schule und Elternhaus noch eine verstaubte unrealistische „Welt hoher Ideale" gepredigt wird, die in besonders krassem Gegensatz zu der aus erster oder zweiter Hand erlebten Welt der jungen Menschen steht. Wer aber auf seine eigene, wenn auch in Verwirrung geratene Wertskala nicht verzichten will, muß in gegensätzliche Position zu dieser Welt und zu dem für sie offenbar verantwortlich zeichnenden Establishment geraten. Es entsteht jene zwischen Utopismus und Zynismus schwankende ambivalente Haltung, die für unsere junge Spontanopposition so bezeichnend ist und in der Neigung gipfelt, immer wieder die eigenen Emotionalitäten vorwendig zu rationalisieren.

George F. Kennan stellt nicht nur für die amerikanische Jugend mit Recht fest: „Was einem zu allererst an der zornigen

Militanz (jener jungen Rebellen ohne Programm) auffällt, ist der außerordentliche Grad von Gewißheit, der sie beseelt. Gewißheit der eigenen Redlichkeit, der Richtigkeit der eigenen Antworten, die Genauigkeit und Tiefe der eigenen Analyse zeitgenössischer gesellschaftlicher Probleme – die Gewißheit vor allem, daß alle Andersdenkenden im Unrecht sind." Und er fährt dann fort: „Sicherlich haben die Heftigkeit der Emotionen und die Überzeugung, das Recht auf der eigenen Seite zu haben, fast immer die Gefühle der politisch begeisterten Jugend bestimmt. Aber irgendwie scheint diese Emotion heutzutage besonders fehl am Platze zu sein. Zu keiner Zeit sind die Probleme der Politik so komplex gewesen wie die, denen sich unsere Gesellschaft heutzutage, in dieser Ära technischer Erneuerung und der Bildungsexplosion, konfrontiert sieht. Um diese Probleme zu verstehen, könnte man wohl Jahre diszipliniert und zurückgezogen mit Studien zubringen, Jahre schülerhafter Abgeschlossenheit, Jahre, in denen man bereit ist, das Urteil zurückzuhalten, während die Einsicht wächst. Und weil das so ist, schockiert es einen, so massive Gewißheiten bereits bei den Leuten vorzufinden, die nicht nur nicht sehr viel studiert haben, sondern vermutlich auch gar nicht studieren wollen."

Eine solche weder durch sachorientierte Urteilsfähigkeit, noch durch Leistungen fundierte Selbstgewißheit steht allerdings für sich allein psychisch auf schwachen Füßen. Sie bedarf daher ständiger emotionaler Stützungen und Antriebe. Da sie sonst von einem intellektuellen „moralischen Kater" bedroht ist, lebt sie geradezu davon, daß die Anlässe zu emotionalen Aufwallungen nicht aufhören. Und wer könnte schon solche Anlässe bei den Unzulänglichkeiten unserer Welt und der extrem utopistischen Grundstimmung unserer Jugend vermeiden, zumal in einem Staat, dessen Organe es sich nicht leisten können, auch nur den Verdacht der Polizeistaatlichkeit auf sich zu ziehen, es wenig risikoreich ist, sich mit solchen Anlässen durch besondere Aktionen selbst zu versorgen.

Während im Polizeistaat totalitärer Systeme nachträglich Gesetze geschaffen werden, die schon begangene Taten unter

Strafe stellen, werden bei uns bestehende Gesetze nur noch, wenn es opportun erscheint, angewandt; und wenn sie zur Anwendung gelangen, kann mit ziemlicher Sicherheit auf minimale Strafen oder auf baldige Amnestien gerechnet werden. Daß ein solches Messen mit zweierlei Maß auch Willkür ist und sehr bald zu einer allgemeinen Rechtsunsicherheit und zum Ende des Rechtsstaates führen muß, übersehen manche aus lauter Hilflosigkeit und mangelnder Zivilcourage geflissentlich. Der Begriff von der „Verhältnismäßigkeit der Mittel" ermöglicht das Kunststück, Drückebergerei in Verantwortungsbewußtsein umzuwandeln. Daß man dabei die mittelbaren Wirkungen außer Betracht läßt, entspricht nur dem kurzfristigen Denkstil unserer Zeit.

Dies ist in der Welt von heute, deren internationale Öffentlichkeit dank unserer Kommunikationsmittel zu einer überschaubaren Einheit geworden ist, um so leichter, als die Anlässe nicht unbedingt im nationalen Bereich gefunden werden müssen. Was den naiven Betrachter des Weltgeschehens besonders beeindruckt und bezeichnenderweise das Selbstbewußtsein der Jungen und das kollektive Schuldgefühl der Alten zu verstärken pflegt, ist eine Beobachtung, daß Studentenunruhen heute eine internationale Erscheinung sind. Dabei ist an dem internationalen Charakter dieser Erscheinung nichts besonders erstaunlich. Denn einmal können gleiche soziale Krankheitssymptome wie Studentenunruhen sehr unterschiedliche Disponiertheiten und Erreger als Ursache haben. Zum andern hat die Industrialisierung der Welt international immer ähnlichere Umweltbedingungen geschaffen; eine Tendenz, die neuerdings über den „Eisernen Vorhang" hinwegzugehen scheint.

So sind die Studentenrevolten zunächst einmal überall Reaktionen junger intellektueller oder halbintellektueller Menschen, die sich schwer tun, erwachsen zu werden. Zudem sind es mehr oder weniger in allen Industrievölkern irrationale Reaktionen gegen die Anonymität der modernen gesellschaftlichen Apparaturen, gegen die unvermeidlichen Zwänge wirtschaftlicher Prozesse und gegen den Konformismus der Alten, die sich mit diesen Verhältnissen zuweilen selbst dort abgefunden haben, wo man vielleicht noch nicht zu resignieren brauchte. Schließlich aber haben Revolten – wie alle sensationellen Erscheinungen in unserer Weltöffentlichkeit – induktive Wirkungen. Sie fördern das Solidaritätsgefühl und die Nachahmung scheinbar oder tatsächlich gleichgestimmter Seelen; und die ältere Generation entdeckt mit Schrecken, daß sie einer neuen anonymen Macht gegenübersteht, mit der sie nicht fertig zu werden vermag. Sie wird aber gut tun, sich auf dieses Phänomen als vorläufige Dauererscheinung einzustellen, ohne sich von ihm bei der Erledigung ihrer konstruktiven Aufgaben behindern zu lassen.

III. Von der Hilflosigkeit der Etablierten ...

Das gesellschaftspolitisch Gefährliche der von den Studenten getragenen Spontanopposition liegt nicht in ihr selbst, nicht in den meist skurrilen Formen und Inhalten ihrer Demonstrationen, sondern in der Unfähigkeit der älteren Generation, diese Erscheinung, die sie selbst durch ihr Verhalten heraufbeschworen hat, realistisch einzuschätzen und ihr angemessen zu begegnen. Mit einiger Berechtigung könnte man sogar sagen: An sich unterscheidet sich die heutige Jugend gar nicht so sehr von früheren Generationen. Was anders ist, ist die Reaktion der älteren Generation auf ihr Verhalten. Höchstwahrscheinlich hätten wir Alten in unserer Jugend uns ähnlich benommen, wenn wir in einer libertinen Wirtschaftswunderwelt aufgewachsen wären und wenn wir bei unseren Vätern schon in jungen Jahren so wenig Widerstand gegen eine jugendlich autoritäre Art, antiautoritär zu demonstrieren, wie unsere Kinder bei uns gefunden hätten.

Das Versagen der älteren Generation liegt daher nicht so sehr bei jenen etablierten Bundesbürgern mit konservativen Neigungen, die aus Prinzip gegen jede Art von Insubordination sind und im übrigen nur festzustellen vermögen, wie herrlich weit wir es im Wiederaufbau unserer Bundesrepublik gebracht haben – so verfehlt eine solche Haltung auch sein mag. Viel problematischer ist das Verhalten jener vielen anderen, die selbstkritisch und fortschrittlich sein wollen. Viel problematischer ist der Versuch dieser Leute, leisezutreten und der Jugend zum Munde zu reden. Denn er ist ein hoffnungsloses Unterfangen; um so mehr, wenn diese etablierten Alten selbst in jugendliche Utopien verfallen. Ihre dementsprechenden Bekenntnisse sind entweder töricht oder unehrlich und müssen daher früher oder später zu neuen Enttäuschungen gerade bei denjenigen Jugendlichen führen, die schon rational ansprechbar sind.

Die Motive für diese „weiche Welle" unseres Establishments sind vielfältig; Motivationen sind fast immer komplexer Natur. Wenn wir im folgenden einige Motivtypen unterscheiden, so heißt das nicht, daß sie in reiner Form auch vorkommen, sondern daß sie gewöhnlich in verschiedenen Mischungsverhältnissen auftreten.

a) Da sind zunächst *die Ängstlichen,* welche schlechthin Auseinandersetzungen abgeneigt sind. Sie hoffen durch Beschwichtigungen und Zugeständnisse Provokationen zu neuen Attacken vermeiden zu können. – Dabei verkennen sie, daß ein guter Teil der Rebellion Protest um des Protestes willen, Aggression um der Aggression willen, Veränderung um der Veränderung willen, Aktion machtbesessener, ungeduldiger Jugendlicher gegen die scheinbare oder tatsächliche Macht der Etablierten ist.

b) Mit diesen Ängstlichen nicht selten identisch sind die *Naiven,* welche wunschgläubig hoffen, daß diese Rebellion der Jugend sich früher oder später von selbst totlaufen wird. – Sie übersehen dabei, daß ständig neue Jahrgänge kommen, die vor den gleichen Anpassungsschwierigkeiten stehen und zunächst nur allzu gerne in die Fußstapfen ihrer Vorgänger treten werden. Sie konnten ja beobachten, wie wenig riskant ein Ausleben jugendlicher Emotionalitäten in unserer Gesellschaft ist. Es ist sogar wahrscheinlich, daß sie sich zu einem rebellischen Verhalten verpflichtet fühlen werden, weil sie glauben, daß ein solches Verhalten künftig zur Rolle des Jungseins gehört. Mag sein, daß sich auch dies eines Tages wieder ändern wird, wenn sich herausgestellt hat, daß die heutige Jugend keineswegs eine bessere Welt zu schaffen vermochte, sondern in ihrer Leichtfertigkeit vielleicht nicht weniger Schlimmes als ihre Väter angerichtet hat. Mag sein, daß deren Kinder dann ganz anders reagieren werden. Aber dürfen wir darauf warten und wissen wir, wie diese Reaktion ausfallen wird?

c) Da sind weiterhin *die sentimentalen Alten*, die in der Erinnerung an die eigene vermeintlich goldene Jugend (nicht selten an die anders geartete Jugendbewegung, der sie angehörten) auch die heutige Jugend idealisieren. Sie nehmen „Unverdorbenheit" und „Einsatzfreudigkeit für hohe Ideale" für selbstverständliche Eigenschaften junger Leute und sehen in den vielen unfairen Praktiken, die sich unsere jungen Rebellen leisten, lediglich unbedeutende Schönheitsfehler, wenn nicht gar heroische Mittel, welche die Jungen angeblich nur ungern um der höheren Zwecke willen anwenden. Sie vergessen dabei, daß selbst, wo die Motivation bei dem einzelnen Jugendlichen so richtig gesehen sein sollte, noch nichts über die Vernunft der daraus folgenden Handlungen feststeht.

Selbst der Nationalsozialismus hätte ohne höchst ehrenhafte Motive und dementsprechende Opferbereitschaft vieler seiner Abhänger nichts in der Weltgeschichte bewegen können. Und weil er so großes Unheil anrichtete, sind wir heute in billiger Schwarz-Weiß-Malerei bereit, seine Anhänger schlechthin als Bösewichte anzusehen. Den umgekehrten Fehlschluß machen viele im Hinblick auf unsere heutigen Revoluzzer. Weil deren Motive für höchst ehrenwert gehalten werden, glauben viele, daß auch ihre Aktionen zu einem positiven Ende führen müssen.

d) Mit jener sentimentalen Utopie des Alters verbindet sich häufig ein Glaube an die Wunderwirkung sozialer Disharmonien und Konflikte überhaupt. Diese *Disharmoniegläubigen* erwarten von jeder sozialen Unruhe, die sich einen linken Anschein zu geben vermag, positive Auswirkungen zugunsten einer fortschrittlichen Gesellschaftsreform. Sie erhoffen daher von unseren Studentenrevolten entscheidende Wirkungen auf unsere Schönwetterdemokratie und ihre geistige Immobilität. – Dabei verkennen sie, daß eine Unruhe, die nur Emotionalitäten und wenig überzeugende Utopien zu bieten hat, in ihrer Wirkungsweise völlig ungewiß ist.

e) Der Glaube an die „fortschrittliche" Wirkung jeder geistigen oder pseudogeistigen Auseinandersetzung ist allen Intellektuellen eigentümlich. So ist unter ihnen immer eine latente Solidarität vorhanden, auch wenn sie in den strittigen Fragen verschiedener Meinung sind. Häufig glauben sie, „die Geistesfreiheit schlechthin" verteidigen zu müssen, wenn sie übereinander reden oder voneinander reden machen. Auf diesen *intellektuellen Solidarismus* ist es u. a. zurückzuführen, wenn die Studentenunruhen von unseren Kommunikationsmitteln durch kritische oder zustimmende Kommentare hochgespielt worden sind. Fühlen sich Journalisten mit jemandem in keiner Weise solidarisch, so schweigen sie ihn nach Möglichkeit tot.

f) Die solidarischen Intellektuellen, mehr noch die Disharmoniegläubigen sind nicht selten identisch mit jenen *Nonkonformisten,* denen der Stil des Wiederaufbaus stets zuwider war, sei es, daß ihnen dieser Stil eines „individualistischen Ökonomismus" (mit seiner Einkommens- und Konsummaximierung als wichtigstem Inhalt einer Scheinfreiheit) aus persönlichen Gründen nicht lag, sei es, daß sie zwar persönlich recht gut mit ihm leben konnten, aber aus allgemeiner Lebenserfahrung oder sozialwissenschaftlicher Kontemplation nur allzu gut wußten, daß ein solcher Stil jedes Gemeinschaftsleben früher oder später zersetzen muß, zumal wenn kein Zusammenhalt durch eine eindeutige gemeinsame Weltanschauung mehr besteht.

Diese gegen unsere angeblich soziale Marktwirtschaft eingestellten Nonkonformisten (zu denen sich auch der Verfasser rechnet), konnten bisher mit ihrer Abneigung oder ihren Bedenken nicht zum Zuge kommen, weil die Zeitströmung ihnen entgegenstand. So wittern sie nur allzu gern Morgenluft; und es mischt sich bei ihnen häufig Hoffnung auf eine wunschgemäßere Welt mit Schadenfreude, wenn sie unsere jungen Rebellen wohlwollend gewähren lassen oder ihnen gelegentlich sogar offen applaudieren (was der Verfasser beides nicht tut).

g) Am gefährlichsten von allen sind als Massenerscheinung jene *Opportunisten*, die für ihren Verband oder für ihre persönliche Karriere Vorteile erhoffen, wenn sie der rebellischen Jugend zustimmen. Dazu gehören viele Politiker und Pastoren, aber auch andere Verbandsheilige. Sie lassen bereits die Gefahr des Konjunkturrittertums erkennen, der wir zu allen Zeiten in Gestalt der Massenerscheinung von Mitläufern begegnet sind. Schon ist man ängstlich darauf bedacht, zu fürchten oder zu hoffen, selbst in den unvernünftigsten Forderungen der Jugend künde sich eine neue Zeit an, der man sich rasch genug anpassen müsse, damit man weder materiell noch ideell ins Hintertreffen gerate.

Solche Motive liegen offensichtlich auch dort vor, wo heute für die Herabsetzung des Wahlalters plädiert wird, was u. E. in einer Welt äußerst problematisch ist, die wie die unsere immer unübersichtlicher wird und in der aus diesen und anderen Gründen der Anpassungs- und Orientierungsprozeß für junge Menschen immer schwieriger wird und deshalb immer mehr Zeit erfordert. – Wenn bei der weit verbreiteten Neigung unserer Politiker, allen ungereimten Wünschen ihrer potentiellen Wähler von vornherein zuzustimmen, auch noch Teenager zu den Wählermassen stießen, könnte das politische Leben in unserer Demokratie total durcheinander geraten.

h) Nicht viel weniger gefährlich sind schließlich *die aus bösem Gewissen Desorientierten und Hilflosen*. Das böse Gewissen kann verschiedene Gründe haben:

1. Es kann einfach dem Bewußtsein der eigenen Unzulänglichkeit, des eigenen Unvermögens entspringen, sich selbst ein Urteil über unsere moderne Welt bilden zu können, obwohl man doch zum Establishment gehört und daher eigentlich urteilsfähig sein müßte.
2. Es kann auf dem Gefühl beruhen, in der Vergangenheit wegen besseres Wissen und Gewissen immer wieder den bequemen Weg des geringsten Widerstandes gegangen zu sein. Solche Menschen bemerken dann gar nicht, daß sie mit der

allzu nachgiebigen Haltung der Spontanopposition gegenüber erneut in ihre alten Fehler verfallen; sei es, daß sie die Jugend aus eigener Unwissenheit für klüger halten, als sie ist; sei es, daß ihnen ein konstruktiver Widerstand wiederum ein zu unbequemer Weg ist.

An sich sollte das böse Gewissen eine produktive Einrichtung im Menschen sein, eine Kraft, die zur Revision einmal gemachter Fehler führt. Aber zunächst pflegt es verdrängt zu werden. Es führt dann im Unterbewußtsein ein zwielichtiges Regiment; und selbst wenn es sich schließlich nicht mehr unterdrücken läßt, wird es gewöhnlich Anlaß, den gemachten Fehler durch einen entgegengesetzten nicht auszugleichen, sondern zu verschlimmern. (Dafür bietet die Lebensgeschichte jedes einzelnen von uns wie die der Menschheit schlechthin eine Fülle von Beispielen!) Nachdem wir uns lange Zeit zu wenig um unsere Jugend gekümmert haben, neigen wir jetzt dazu, sie zu ernst zu nehmen. Nachdem wir unsere politischen Schularbeiten in allen Fächern reichlich flüchtig gemacht haben, meinen allzu viele von uns, sich von unserer jungen Spontanopposition helfen lassen zu können. Daß es ihr gelungen ist, einige der offensichtlichsten wunden Punkte unserer gesellschaftlichen Existenz ausfindig zu machen, verführt uns dazu, was meist nur Anlaß ist, für eigentliche Motivation und Ursache zu nehmen. Es verführt uns dazu, unsere Jugendlichen als Gesellschaftskritiker für sachkundiger, urteilsfähiger und leistungsfreudiger zu halten, als sie es in Wirklichkeit sind. Man könnte fast soweit gehen zu sagen: Wahrscheinlich würden sie sich nicht weniger revolutionär gebärden, wenn wir eine aktivere parlamentarische Opposition besäßen und uns weniger politische Versäumnisse geleistet hätten, als dies der Fall ist. Scheuch hat treffend darauf hingewiesen: „Anti-Vietnam-Proteste haben für viele Beteiligte den gleichen politischen Gehalt wie Schockfarben oder eine abweichende Haartracht: nämlich keinen."

Alles, was sie bisher an berechtigter Kritik vorgebracht haben, ist nicht neu – ob es dabei um die Innen- und Außenpolitik anderer Staaten oder ob es um die eigenen Lebenslügen unserer Ost- und Wiedervereinigungspolitik und unserer Wirtschafts- und Gesellschaftspolitik geht. Unsere junge Opposition spricht – ohne die Zielkonflikte, in denen sie sich mit ihren Forderungen selbst verfängt, mangels Erfahrung und Sachkenntnis erkennen zu können – in naiver Unbefangenheit aus, was vielen von uns Älteren längst bewußt war, was aber einer Lösung nicht nähergebracht werden konnte, entweder weil es sich um unvermeidliche oder nur sehr langfristig veränderliche Begleiterscheinungen unserer modernen Zivilisation handelt, oder weil sowohl Regierungs- wie Oppositionsparteien sich allzu sehr am vermeintlichen oder tatsächlichen Wählerwillen orientierten und nicht den Mut besaßen, den Wählern das Notwendige nahezubringen, sondern es vorzogen, den Weg des kurzfristig geringsten Widerstandes zu gehen, indem sie die Dringlichkeit vieler Reformen ignorierten.

So erscheint die Entstehung einer außerparlamentarischen Opposition als notwendige Konsequenz. Nur: Was die jungen Revolutionäre an eigenen institutionellen Lösungen vorzuschlagen haben, ist so vage und ungefähr, so von egalitären Elementen eines utopischen Anarchismus durchsetzt, daß wir mit Kennan nur sagen können: Wir haben „erfahren, daß jene, die im Namen irgendwelcher Utopien die Bastionen zu stürmen versuchten – um alles Übel auszurotten, und das goldene Zeitalter noch zu ihren Lebzeiten zu verwirklichen – mehr Leid in die Welt gebracht haben als alle bescheidenen Anstrengungen derjenigen, die versuchten, ein bißchen Ordnung, Freundlichkeit und Zuneigung innerhalb ihres eigenen Umkreises zu schaffen, selbst wenn sie dabei ein beträchtliches Maß an Übel im Bereich der öffentlichen Angelegenheiten tolerieren mußten. Hinter dieser Bescheidenheit stand immer die Anerkennung einer lebenswichtigen Wahrheit, die beispielsweise die Marxisten niemals anerkennen wollten, daß der Grund allen Übels in der Welt nicht in den gesellschaftlichen und politischen Institutionen ... zu suchen ist, sondern ganz einfach in der Schwäche und Unzulänglichkeit der Menschen, und damit meine ich jedes einzelnen Menschen, einschließlich meiner selbst und der militanten Studenten, die an unseren Pforten hämmern."

So wichtig es gerade heute wieder geworden ist, daß wir die Institutionen überprüfen, die unsere Gesellschaftsordnung bestimmen, daß wir immer wieder von neuem fragen, ob sie den Menschen bekömmlich sind, so notwendig ist es aber auch, nicht alle Unzulänglichkeiten dieser Welt auf „das System", „das Establishment", „den Kapitalismus", „den Kollektivismus", „den Faschismus" abzuschieben und zu meinen, es gäbe eine Sozialordnung, unter welcher der Mensch zu einer Idealgestalt würde, oder gar zu glauben, je amorpher und je anarchistischer eine Gesellschaft wäre, desto günstiger wirke sich dies auf die Verhaltensweise der Menschen und auf ihr Glücksbefinden aus. Sicherlich ist es problematisch, die Unzulänglichkeiten des Bestehenden mit der Formel: „Die Verhältnisse oder die Menschen sind nun einmal so!" zu verteidigen. Aber nicht minder gefährlich scheint uns zu sein, bei Gesellschaftsreformen von einem unrealistischen Bild vom Menschen auszugehen; und noch gefährlicher ist es – wie es unsere junge Spontanopposition tut – bei der Beurteilung der Gegner von einem zu negativen, bei der Beurteilung von sich selbst von einem zu positiven Bild auszugehen. In einer solchen Schlinge der Selbsttäuschung muß sich jede Gesellschaftsreform früher oder später selbst erdrosseln.

Nach den Erfahrungen der letzten 100 Jahre haben wir kein Recht mehr, in den anthropologischen Grundirrtum zurückzufallen, dem der Marxismus mehr noch als der Liberalismus aufgesessen ist, dem Glauben nämlich, daß der Mensch sich mit den gesellschaftlichen Institutionen grundlegend oder gar völlig wandele. Wenn es überhaupt möglich sein sollte, den alten Adam loszuwerden, bedarf es offensichtlich sehr viel längerer Entwicklungsphasen als derjenigen, die wir historisch überschauen können. Bisher hat sich jedenfalls unter allen gesellschaftlichen Verhältnissen erwiesen, daß die Menschen wunschdenkende und bei sich selbst und anderen sich ständig rechtfertigende und um Ansehen bemühte Wesen sind, die überdies dazu neigen, in vereinfachenden, gegensätzlichen und mit entsprechenden emotionalen Werten behafteten Bildern zu denken und entsprechend irrational zu reagieren. Und

wenn etwas diese Wesenszüge des Menschen erneut bestätigt, dann ist es das Verhalten unserer jungen Spontanopposition. Weit mehr noch, auf jeden Fall naiv unverhüllter als unser Establishment, läßt sie jene Eigenschaften erkennen. Eine emotionalisierende Maschinenstürmerei, wie wir sie gerade in der Studentenrevolte erleben, ist genau das Gegenteil von dem, was wir heute für uns alle dringend nötig hätten. Sie ist nur eine wiederum verfehlte Reaktion auf eine frühere.

Ein ähnlich extremer ideologischer Sündenfall hat sich nämlich mit uns ereignet, als wir vor 20 Jahren glaubten, dem kollektivistischen Irrweg unserer nazistischen Vergangenheit einen exaltierten Individualismus unter Heiligsprechung des Privateigentums und der Marktwirtschaft entgegensetzen zu müssen, wofür wir durch das Wirtschaftswunder belohnt zu werden schienen, was den einseitigen Pendelschlag noch verstärkt und verlängert hat. Sicherlich war es wichtig und richtig, sich nach dem Krieg aus einer funktionslos und planlos gewordenen Zwangswirtschaft heraus wieder auf die Vorzüge von Markt- und privater Unternehmerwirtschaft als Institution einer industriellen Gesellschaft zu besinnen. Eine solche Besinnung lag in jenen Nachkriegsjahren schon aus emotionalen Gründen in der Luft. „Sie war bestimmt durch den Mißbrauch des Gemeinschaftsgefühls, durch die Zersetzung nicht nur des Staates, sondern auch der Staatsidee und durch die Sterilität der Zwangswirtschaft. Was gab es denn in jenen Tagen an mobilisierbaren Kräften im deutschen Volk außer der Familie, des Selbstinteresses aller, sich durch Leistung an den eigenen Haaren aus dem Sumpf herauszuziehen?" (Georg Schröder) – Aber welche Art Mut gehörte eigentlich dazu?...

Es war sicherlich nicht der Mut, der den Politiker und Staatsmann auszeichnen sollte und der darin besteht, den allzu einseitigen Pendelschlag seiner Zeit so weit wie möglich abzufangen. Und wo stand geschrieben, daß aus der Rückkehr zur Marktwirtschaft ein Allheilmittel gemacht werden mußte, welches es überflüssig erscheinen ließ, Mängel, von denen auch die Marktwirtschaft nicht frei ist, von vornherein mit einzukalkulieren? Wo stand geschrieben, daß daraus eine

neue, nun individualistische Heilslehre entstehen mußte, die nicht gestattete, die Voraussetzungen für ständige, die wirtschaftliche Entwicklung begleitende Analysen und für ein daraus resultierendes politisches Vorherbedenken zu schaffen, die dafür aber erlaubte, politisch „den Holzweg des geringsten Widerstandes" (Roman Schnur) zu gehen? Dies stand geschrieben in der Wesensart des Mannes, der von sich selbst behauptet hat: „Ich bin Politiker aus der Überzeugung heraus, daß mir die Gabe verliehen ist, das Schicksal meines Volkes doch gnädig zu gestalten!" Wenn man in der Hybris lebt, ein Werkzeug der Vorsehung zu sein, verliert man nicht nur sich selbst, sondern auch seine Umwelt aus dem rationalen Blickfeld. Es ist einem dann nicht mehr „anheimgegeben", zu unterscheiden und zu entscheiden.

Ein ganz anders geartetes Sendungsbewußtsein hat unsere Generation schon einmal betroffen. Auch damals war seine Wirkung fatal, weil seine Hybris von starken einseitigen Zeitströmungen getragen wurde und von Erfolgen bestätigt zu werden schien. Wenn es diesmal von einem Nichttäter mit einer individualistischen Ideologie ausging, so lag seine Gefährlichkeit gerade darin, daß Prophet und Lehre auf dem Hintergrund der nazistischen Katastrophe so harmlos und so verführerisch glaubwürdig wirken mußten. In der politischen Praxis wirkten beide aber zersetzend auf ein demokratisches Staatsbewußtsein, noch ehe dieses sich voll entwickeln konnte. Denn Ludwig Erhard hat sich in den ersten Jahren nie gescheut – und seine Anhängerschaft in Wissenschaft und Presse hat sich nur sehr selten anders verhalten –, seine Lehren von der alles regulierenden Marktwirtschaft mit Diffamierungen des Staates zu verbinden, obwohl selbst das Konzept des Neoliberalismus, von dem er auszugehen vorgab, ihn etwas anderes hätte lehren müssen. Er hat dabei den Staat schlechthin verdächtigt und es kaum für nötig gehalten, zwischen einem totalitären und einem demokratischen Gemeinwesen, das von der aktiven Teilnahme seiner Bürger am politischen Leben getragen wird, zu unterscheiden.

Dabei hätte damals der werdende Bürger, noch verwirrt

durch die Erinnerungen an das „Dritte Reich", es dringender bedurft, mit den Lebensbedingungen eines gesunden demokratischen Staates als mit den Spielregeln einer Marktwirtschaft (von denen er auch nur Einseitiges erfuhr) vertraut gemacht zu werden. Aber der Prophet befand sich in Übereinstimmung mit seiner Zeit. Er sagte, was die meisten nur zu gerne hören wollten, und da er den Eigennutz der Menschen rechtfertigte und zugunsten des Wiederaufbaus in produktive Kanäle lenkte, schien der wirtschaftliche Erfolg, dem der politische auf dem Fuße folgte, seine Prophezeiungen zu bestätigen. – Nichts ist erfolgreicher als der Erfolg! – Warnende Stimmen, die über die Aufbauphase hinaus an die langfristigen Wirkungen jener dem Zeitgeist allzu gefälligen Politik auf unser politisches und wirtschaftliches Leben dachten, hatten keine Chance, gehört zu werden.

So mußte der Eindruck entstehen, als könne jeder sich mit gutem Gewissen der Maximierung seiner privaten Einkünfte zuwenden und das politische Geschäft, das zweifelhaft und fast überflüssig erschien, politischen Karriereristen und ruhigen Beamten überlassen. Selbst die SPD – bemüht auch auf Bundesebene regierungsfähig zu werden – hat diese geistige Entwicklung nicht zu steuern versucht. Vielmehr hat sie sich ihr in zunehmendem Maße angepaßt, um bei den Wählermassen anzukommen, die vom „individualistischen Ökonomismus" bereits infiziert waren.

Individualistischer Ökonomismus, d. h. der Glaube, daß ein politisches Sachengagement überflüssig ist, daß es genügt, wenn jeder für sich oder in Gruppen bemüht ist, sein Einkommen und damit sein soziales Ansehen zu steigern, ist nicht das Gegenteil von nazistischer Staatsgläubigkeit, sondern nur die Kehrseite der gleichen Medaille – wie auch der emotionale Utopismus der heutigen Jugend nicht das Gegenteil von politischer Gleichgültigkeit, sondern nur ihre Kehrseite darstellt. Das Gegenteil von Staatsgläubigkeit und politischer Gleichgültigkeit ist ein wacher demokratischer Gemeinsinn, der auch dort noch am politischen Leben teilnimmt, wo es wenig emotionell und sensationell zugeht und wo es sich darum handelt, rechtzeitig unvermeidliche Unbequemlichkeiten, Anstrengungen und Opfer zu erkennen und anzuerkennen, Opfer an Einkommen und Macht, aber auch Verzicht auf emotionalisierende Rechthaberei.

Jene neokapitalistische Ideologie, von der unsere „soziale Marktwirtschaft" begleitet war, und ihre praktischen Folgen sind zwar mit Recht auch ein Stein des Anstoßes unserer jungen Rebellen von heute. Es fragt sich nur, ob die Kritiker wirklich den Charakter unserer bisher vorherrschenden neokapitalistischen Wirtschafts- und Antistaatsideologie erkannt haben und ob sie vor allem begreifen, wie wenig sinnvoll es ist, eine Einseitigkeit mit der entgegengesetzten zu beantworten oder sie bis zur Absurdität zu Ende zu führen. Es spricht vieles dafür, als gewönne die kleine Clique des SDS mit ihren anarchistischen und neomarxistischen Ideologien einfach deshalb unter den Studenten an Boden, weil sie die Gegenideologien zur nur sehr langsam abbröckelnden neokapitalistischen Ideologie unseres Establishment ist. Auch das war eine Lebenslüge in den vergangenen 20 Jahren, daß wir meinten, wir hätten das Zeitalter der Ideologien überwunden und seien in unserem pragmatischen Handeln nur noch sach- und realitätsbezogen. Es sieht fast so aus, als sei der Neomarxismus der Preis, den wir für diesen naiven Grundirrtum werden zahlen müssen. Allerdings hat der Neomarxismus für Enttäuschte noch andere Attraktivitäten aufzuweisen.

Eine weitere Attraktivität liegt besonders für unerfahrene Oppositionelle darin, daß der Neomarxismus ihr im Grunde schwaches Selbstvertrauen überhöht. Da er für alles eine Erklärung parat zu haben scheint und den Gang der Geschichte zu kennen vorgibt, glaubt er, damit auch nachzuweisen, daß alle anderen Menschen, vor allem die „bösen Kapitalisten", nicht über ihre klassengebundenen Interessen hinauszudenken vermögen. Bei orthodoxen Marxisten hat dieser Glaube schon immer die allgemein vorhandene menschliche Neigung, Recht und Wahrheit allein für sich und den eigenen Standpunkt in Anspruch zu nehmen, zu einer Art von pseudoreligiösem Fanatismus gesteigert. Dies pflegt dann zu der Ansicht zu führen, daß der antimarxistische Gegner mit seiner anderen Meinung nicht nur irrt, sondern geradezu Unrecht tut und daher zum persönlichen Feind wird, der moralisch und charakterlich minderwertig ist. Die Begleiterscheinung einer solchen Mentalität ist ein geistiger Terror, wie ihn der Kommunismus zeitweilig zu einer grotesken Artistik scholastischer Spitzfindigkeiten entwickelt hat. Der Zweck heiligt dann nur zu leicht die Mittel, und weil der Gegner verworfen ist, darf man selbst wenigstens vorübergehend noch verwerflicher handeln, um den Widersacher endgültig in die Knie zu zwingen. Dementsprechend halten sich auch unsere SDS-Revoluzzer als Sachwalter der alleinigen Wahrheit für berechtigt, bei Meinungsverschiedenheiten den Gegner mit allen Mitteln zu diffamieren und gelegentlich hemmungslos zu beschimpfen, wie der Verlauf der Tagung der Deutschen Gesellschaft für Soziologie im April 1968 in Frankfurt erneut gezeigt hat. So wird der Neomarxismus für eine aggressive Jugend besonders anziehend. Er liefert ihr mit seiner Ideologie auch für mehr als fragwürdige Handlungen jene pseudorationalen Argumente, die Menschen um so dringender brauchen, je zweifelhafter ihnen ihre eigenen Taten und ihre eigentlichen Motive sein müssen.

An dieser Stelle wird man uns vielleicht entgegenhalten, daß im Augenblick noch nicht von einer Vorherrschaft des SDS in den Reihen der studentischen Rebellen gesprochen werden kann, ja daß der Einfluß des Neomarxismus in Gestalt des SDS starken Schwankungen unterworfen ist und sicherlich abflauen wird, sobald sich die politischen Verhältnisse im allgemeinen wie die Universitätsverhältnisse im besonderen verbessern werden.

Uns scheint dies nicht so sicher zu sein. Was heißt schon Verbesserung der Verhältnisse? *Einmal* sind Mißstände, die sich im Laufe von 20 Jahren aus vielfältigen Ursachen in unserer Bundesrepublik herausgebildet haben, nicht in wenigen Monaten oder Jahren zu beseitigen; und die Jugend ist ungeduldig. *Zum andern* wird es auf längere Zeit nicht möglich sein, das Versäumte nachzuholen, ohne allen – auch unseren Studenten – Opfer zuzumuten; und die Jugend hat bisher keine Opferbereitschaft erkennen lassen, sondern nur Forderungen gestellt. *Drittens* hat das Establishment bisher immer nur nachgegeben und damit die Forderungen unserer Spontanopposition ständig ansteigen lassen. Wird man dabei den Studenten an den Hochschulen mehr Aufgaben und Rechte einräumen, als die bewältigen können, so wird dies unvermeidlich zu einer neuen Emotionalisierung und vorwendigen Argumentationsweise führen müssen. Wer mit einer Aufgabe rational nicht fertig werden kann, flüchtet in die Emotion, d. h., er sucht Anlässe, um sich erregen und dem anderen die Schuld in die Schuhe schieben zu können. – Das wird wohl das Schicksal unserer Hochschulen in den nächsten Jahren sein. Schon daraus werden sich neue Betätigungsmöglichkeiten für unsere Neomarxisten ergeben, ganz gleich, was sich im Bereich der großen Politik ereignen wird. Wer im Sommersemester 1968 glaubte, feststellen zu können, im Zuge der turbulenten Ereignisse wäre im letzten Jahr eine stärkere Differenzierung der Studentenschaft erkennbar, d. h., die sachlich interessierten, konstruktiven Elemente der Studentenschaft wären im Begriff, sich zu organisieren und zögen bereits die Mehrzahl der Kommilitonen an sich, macht aus einem Wunsch bereits eine Tatsache. Eher gilt das Gegenteil: nämlich in der Grundstimmung eine stärkere Solidarisierung mit den „Aktivisten um jeden Preis". Und das ist durchaus verständlich. Zunächst verfolgte die Mehrheit der Studenten amüsiert oder abgestoßen den Karneval, den ihre rebellierenden Kommilitonen inszenierten. Dann wunderten sie sich, wieviel die ältere Generation hinnahm; und manche meinten, man könne ruhig ein bißchen mitmachen; denn man riskiere ja nichts. Und als schließlich beobachtet wurde, wie Vorlesungen verhindert, Universitätsfeiern gesprengt, Rektorate demoliert und Institute besetzt werden konnten, ohne daß etwas geschah, folgerte man: Die Alten sind feige und müssen ein „verdammt schlechtes Gewissen" haben, wenn sie alles dies geschehen lassen.

In dieser Situation können auch die studentischen Gegner des SDS weder in ihren Machtansprüchen und sonstigen Forderungen noch in der randalierenden Art ihres Auftretens hinter ihren linksradikalen Konkurrenten zurückstehen. In einem solchen Konkurrenzkampf geben die Extremisten stets den Ton an; und das muß praktisch nicht immer der SDS sein. Unorganisierte, infantile Radaubrüder ohne Ideologie tun es häufig auch. So sind die verschiedenen studentischen Gruppenführer keineswegs Herren der Lage, sondern meist mehr Getriebene als selbst Treibende. Nimmt man den Anti-Polizei-Komplex hinzu, der inzwischen fast alle Studenten und weite Teile der Öffentlichkeit ergriffen hat, so wird deutlich, weshalb die Ordnungsverhältnisse an den Hochschulen immer labiler werden mußten.

Es ist durchaus zweifelhaft, ob die zu erwartende Reform der Hochschulverfassung daran allein etwas ändern kann; es sei denn, die künftig vorgesehene Ordnungsinstanz ist notfalls bereit und in der Lage, mit ausreichenden Strafen gegen Ruhestörer vorzugehen.

Ein Argument, das von „engagierten Studenten" gern als durchschlagend angeführt wird, und fast unwidersprochen geblieben ist, lautet: „Gerade durch unkonventionell rabiate Methoden haben wir Erfolg gehabt. Was alle vernünftigen Vorstellungen nicht erreichen konnten, ist uns gelungen: jetzt geschieht etwas!" Jedoch, es ist noch völlig ungewiß, ob das Richtige geschieht; und darauf dürfte es doch wohl allein ankommen. Wahrscheinlicher ist, daß das Falsche geschehen wird.

Das gilt auch für das angeblich zunehmende politische Engagement der Studenten. Wenn sich aus Befragungen ergibt, daß das Interesse für politische Ereignisse und Probleme unter Studenten zugenommen hat, so ist die entscheidende Frage: Wird sich das emotionale Interesse in ein echtes Sachinteresse, aus dem Bereitschaft zu geistigen Anstrengungen erwächst, umwandeln lassen? Oder ist es nicht wahrscheinlicher, daß eine emotional hochgeputschte Aufmerksamkeit für politische Dinge schnell wieder in sich zusammenfällt, wenn man sich eines Tages bewußt wird, daß sich durch Demonstrationen allein keine Sachprobleme lösen lassen, daß also die rationale Beschäftigung mit strittigen Fragen eine mühevolle und emotional enttäuschende Angelegenheit ist.

IV. ... zum politischen Mandat der Jugend

Es stehen sich hier also offensichtlich zwei Generationen gegenüber, deren Antagonisten entweder aus überhöhtem Selbstgefühl oder aus bösem Gewissen zu falschen Haltungen und Handlungen kommen: Die Spontanopposition der Jungen mit ihren übertriebenen Ansprüchen und das Establishment der Alten mit seinen fragwürdigen Zugeständnissen. Nur aus ihrer völligen Desorientiertheit läßt sich verstehen, daß fast über Nacht selbst Politiker der Großen Koalition der außerparlamentarischen Opposition eine Dauerfunktion zugestanden haben, die diese in einer lebensfähigen Demokratie nur vorübergehend haben kann, und daß man sich damit begnügt, selbst die sich antiparlamentarisch gebärdenden unter den Revoluzzern nur auf Gewaltlosigkeit festzulegen. Die meisten sind offenbar gar nicht mehr in der Lage zu erkennen, daß die Studentenkrawalle nur eine Fortsetzung jenes Stils sind, der einmal einer der Hauptanklagepunkte gegen die noch keineswegs überwundene, von Adenauer und Erhard zugelassene Gefälligkeitsdemokratie mit ihrer Nachgiebigkeit gegenüber allen Gruppenwünschen war, und daß man immer mehr in eine plebiszitäre Demokratie abzurutschen beginnt, wenn man den Studenten einschließlich derjenigen, die unmißverständlich antiparlamentarische Ziele verfolgen, mindestens faktisch ein besonderes politisches Mandat zugesteht. Mit Recht meint Scheuch: „Im Vergleich zu einem 24jährigen Arbeiter ist allerdings ein 24jähriger Student ein Analphabet der Realität."

Wie sollte ein besonderes politisches Mandat für unsere oppositionellen Studenten vernünftigerweise begründet werden? Weder die betont emotionale Verfassung ihrer jugendlichen Unausgegorenheit befähigt sie besonders dazu, ein solches Mandat vernünftig wahrzunehmen, noch setzt sie der Status des Intellektuellen oder Halbintellektuellen dazu in den Stand, wenn wir die Intellektuellen in bezug auf die Studenten zutreffend nach Schumpeter als Menschen definieren, die *erstens* die Macht des gesprochenen und geschriebenen Wortes handhaben, *zweitens* keine direkte Verantwortung für praktische

Dinge tragen, *drittens* keine Kenntnisse aus erster Hand besitzen und *viertens* ihre größten Erfolgsaussichten in ihrem tatsächlichen oder möglichen Wert als Störungsfaktor haben.

Die Schulung des Intellekts allein, die Fähigkeit zu abstrahieren und logisch zu argumentieren, garantiert noch nicht, daß Menschen fähig und willens sind, ihren Verstand für praktische und konstruktive Zwecke zu gebrauchen. Haben Intellektuelle keine ausreichende Distanz zu sich selbst gewonnen, sind sie noch im Wunschdenken befangen, so werden sie ihre Verstandeskräfte nur unfruchtbar darin verzetteln, ihre persönliche Fata Morgana in die Wirklichkeit hinein zu interpretieren. Dies kann im Einzelfall eines hellsichtigen Genies durchaus zu zukunftsträchtigen Visionen führen. Als Massenerscheinung emotionalisierter Intellektueller läuft es aber nur darauf hinaus, daß man das, was einem persönliche Aversionen, Ängste und Hoffnungen vorgaukeln, für Realitätsbewußtsein nimmt und mit seinen spontanen Aktivitäten Zeitläufe fördern hilft, deren Ende keinesfalls den eigenen utopischen Erwartungen entspricht. Zwölf Jahre „Drittes Reich" und zwanzig Jahre „deutsches Wirtschaftswunder" haben uns dies plastisch vor Augen geführt.

Unsere junge Spontanopposition kann daher bestenfalls als Katalysator wirken. Für eine praktische, konstruktive Reform oder für den Neubau einer Gesellschaft wird sie uns so, wie sie sich bisher aufführt, keinesfalls helfen können. Ein offiziell anerkanntes Mandat würde die sich einer prinzipiellen Opposition ergebenden Studenten überdies auf Dauer der Gefahr aussetzen, sich ihrer eigentlichen Aufgabe, nämlich zu studieren, zu entfremden. „Jedenfalls läßt sich kaum vorstellen, daß die Aktivität, der sich dieser aufgeregte Teil unserer Studentenschaft hingibt, noch mit einem ruhigen und erfolgreichen Studium vereinbar wäre" (Kennan).

Wir werden aber in naher Zukunft mehr denn je Führungskräfte brauchen, die zu sachlicher und sachgerechter Arbeit bereit und fähig sind, die sich erst informieren und dann um ein Urteil bemühen und die nicht wähnen, auf Leistung käme es nicht mehr an, es ginge nur noch um die Verteilung der

Früchte. Diejenigen, welche die Studentenunruhen begrüßen, weil sie darin ein Zeichen für ein sich endlich entwickelndes politisches Engagement unseres Führungsnachwuchses sehen, geben sich einer grob fahrlässigen Selbsttäuschung hin. Ein Engagement, wie es unserer Gesellschaft bitter not tut – dies sei nochmals betont –, kann nicht darin bestehen, daß man sich wie bisher dauernd über sensationalle Probleme voreingenommen erregt, eine Neigung, die von unserer Presse seit Jahren gefördert worden ist, sondern nur darin, daß man sich unter emotionaler Askese um eine unvoreingenommene vernünftige Orientierung und Klärung bemüht.

Wenn die Politisierung der Universitäten „das Gebot der Stunde" ist, so kann das vernünftigerweise doch nur heißen, daß die Hochschulen in Forschung und Lehre stärker als bisher an den zur Lösung drängenden Fragen unseres Gesellschaftslebens Anteil nehmen müssen. Es kann aber nicht bedeuten, daß die Studenten von sich aus die Universitäten zu einer Plattform ewiger politischer Diskussionen machen, damit jeder Jahrgang erneut seine dilettantischen Fragen stellen und die Öffentlichkeit dafür in Anspruch nehmen kann.

Außerdem: Was den Studenten recht ist, muß andern Gruppen billig sein. Glaubt man wirklich, daß die sachlich immer schwieriger werdenden Probleme unseres Gesellschaftslebens zunehmend unter dem Druck der Straße optimal entschieden werden können, indem weltanschaulich oder durch ihre Partialinteressen inspirierte Gruppen sich immer lauter zu Worte melden und indem diejenigen, die am lautesten schreien, dafür dadurch belohnt werden, daß ihre Wünsche vornehmlich berücksichtigt werden?

Man kann deshalb G. F. Kennan nur zustimmen, wenn er schreibt: „Wenn wir ... allein vor Gewalt um ihrer selbst willen stehen bzw. vor Versuchen, die Regierung durch Einschüchterung zu Schritten zu veranlassen, für die sie weder einen vernünftigen Grund noch einen entsprechenden Auftrag des Volkes hat; wenn uns als das einzige Argument für eine Änderung des Kurses angeboten wird, daß eine gewisse Anzahl von Menschen sehr erregt und sehr aufgebracht sei; und wenn man uns nur den leidenschaftlichen Widerspruch gegen das Vorhandene präsentiert, ohne irgendwelche konstruktiven Vorstellungen von dem, was an seine Stelle treten könnte – dann können Menschen meiner Generation nur zugeben, daß ein solches Verhalten in besorgniserregender Weise an Phänomene erinnert, die wir in unserer eigenen Lebensspanne bei den Ursprüngen des Totalitarismus in anderen Ländern beobachtet haben, und dann bleibt uns keine andere Wahl, als uns zur Verteidigung einer öffentlichen Gewalt zusammenzuscharen, mit der wir vielleicht nicht übereinstimmen, die aber doch die einzige ist, die wir besitzen, und auf die wir in keiner Weise verzichten können."

Die außerparlamentarische Opposition ist das Notventil einer pluralistischen Gesellschaft, das nicht zu sehr strapaziert werden darf, wenn sich nicht gerade aus der Verwendung dieses Notventils ein allgemeiner Zerfall entwickeln soll. In der komplizierten Welt unserer modernen arbeitsteiligen Wirtschaftsgesellschaft kann ein demokratisches Gemeinwesen nicht funktionieren, wenn Regierung und Parteien ängstlich darauf lauschen, was nach Meinungsbefragungen und Straßenkrawallen die Mehrheit oder aggressive Minderheiten des Volkes wünschen. Demokratie ist heute auf die Dauer nur möglich, wenn Regierung und Opposition im Wechselspiel das Notwendige zu erkennen und gegenüber ihren Wählern durchzusetzen vermögen. Sind sie dazu nicht in der Lage, dann wird die Alternative früher oder später nicht irgendein Rätesystem als eine Verwaltung aller durch alle, sondern eine Diktatur kommunistischer oder faschistischer Prägung sein.

V. Die mißverstandene Reformbedürftigkeit unserer Gesellschaft

Wie wenig unsere jungen Rebellen von Sachverständnis und Gemeinsinn wissen wollen, ohne welche die auf allen Gebieten unseres öffentlichen Lebens anstehenden Reformen gar nicht durchführbar sein werden, geht aus ihren vagen Utopien und pauschalierenden Verdammungsurteilen hervor, soweit diese überhaupt eindeutige Vorstellungen erkennen lassen. Auf der einen Seite bauen sie den Popanz von einer Gesellschaft mit autoritären Strukturen auf und geben ihm im Grunde nichtssagende, auf jeden Fall aber diffamierende Namen wie „Obrigkeitsstaat", „Neofeudalismus" oder „Neofaschismus", unter denen jeder aus seinem eigenen Erfahrungsbereich seine Feindseligkeiten und die Ziele seiner Aggressionsbedürfnisse konkretisieren mag. Auf der anderen Seite erheben sie die utopische Forderung nach einer Gesellschaft, in der jeder über jedes diskutiert, in der jeder über jedes entscheidet und in der jeder jeden kontrolliert. Da sie bei durchaus vorhandenen dialektischem Geschick keinerlei Distanz zum eigenen Wunschdenken haben, sehen sie nicht, daß in einer solchen Gesellschaft schließlich keiner keinen mehr zu kontrollieren vermöchte und nur noch sachfremde Entscheidungen getroffen werden könnten. Offenbar glaubt man, daß man sich in der neuen Gesellschaft darauf beschränken kann, einander zu überwachen und seine Freizeit zu genießen. So etwa müßte doch wohl die Idylle der Rätegesellschaft aussehen, von der manche im SDS träumen. Wenn sie funktionieren würde, wäre das Leben in einer solchen Gesellschaft wahrscheinlich das langweiligste, das man sich denken kann; es wäre einem dort wirklich alles „egal". Wenn sie nicht funktionieren würde, wäre das Durcheinander komplett!

Aber es liegt nahe zu vermuten, daß, sobald das einigende Band ihrer Antiideologie gegen das Establishment entfiele und der Detailteufel der Realisierungsvorschläge und der praktischen Verantwortung auf sie zukäme, von der scheinbar einheitlichen Front der Spontanopposition nur ein Gewirr von Stimmen übrigbliebe, von denen jeder etwas anderes riefe. Im Schauspiel echter Revolution kommt dann der Diktator, der die Revolutionäre „auf Vordermann bringen" muß, damit überhaupt so etwas wie eine neue Ordnung entstehen kann.

Die alte Utopie Marxens und Lenins, daß jeder jede Funktion ausüben könne und damit das hierarchische Problem ein- für allemal verschwunden sei, kann nun wieder fröhliche Urständ feiern. Jedoch, wir leben nicht im Lande von 1001 Nacht. Bei den ausstehenden Reformen ginge es zunächst (viel langweiliger als in einer Revolution, aber nicht entfernt so simpel wie in den Ideologien) um die Einführung rationellerer Organisationsformen und um die Gewinnung vollständigerer Datenkenntnisse, um mehr Durchsicht und weniger Leerlauf zu erreichen. Alsdann ginge es zwar um etwas, was man mit „Abbau autoritärer Strukturen" bezeichnen könnte; aber ein solcher Abbau könnte nicht darin bestehen, daß man alle Verantwortlichkeiten und Entscheidungen auf immer zahlreichere Kollektive nach unten nivelliert. Vielmehr müßten bestimmte Aufgaben und Verantwortlichkeiten bei klarer Abgrenzung auf einzelne Personen und Gruppen – soweit ordnungsgerecht möglich – nach unten delegiert und ihre Wahrnehmung einer sachverständigen Kontrolle von oben und möglicherweise noch von dritter Seite unterworfen werden. In unserer pluralistischen Gesellschaft besteht ein Machtmißbrauch bereits immer weniger darin, daß man ungerechtfertigterweise einem anderen seinen Willen aufzwingt, als darin, daß man sich nach außen, oben und unten abschirmt und es sich nun bequem macht, seinen Pflichten nicht mehr nachkommt und seine Energien darauf konzentriert, seinen privaten Besitzstand zu mehren und seinen Bequemlichkeiten zu leben. Auf diese Weise ist schon allzu viel gesellschaftlich Notwendiges bei uns unterblieben.

Die utopischen Forderungen unserer jungen Rebellen laufen aber geradezu darauf hinaus, diese Mängel zu vermehren. Das wird aus vielen ihrer Reaktionen deutlich, so aus ihrer allgemein feststellbaren Neigung, selbst auf andere härtesten Druck auszuüben, sich selbst aber möglichst jeder Kontrolle zu entziehen. In die gleiche Richtung weist das Hohngelächter, mit dem unsere Spontanopposition antwortet, wenn man sie darauf hinweist, daß Reformen die Effizienz unserer Leistungsgesellschaft noch weiter vergrößern müssen und nicht verringern dürfen und daß deshalb eine Verbesserung der Führungsauslese nach Leistungsmerkmalen notwendig ist. Was man auf keinen Fall begreifen will, ist, daß jede Kontrolle, ob Macht-

oder Leistungskontrolle, einen erheblichen Sach-und Fachverstand sowie praktische Erfahrungen voraussetzt, soll es dabei nicht zu völlig absurden Entscheidungen kommen, und daß schon deshalb ein auf allen Ebenen durchgeführtes Rätesystem nicht zu einer Rationalisierung, sondern zu mehr Leerlauf und Irrationalisierung in unserer Ordnung führen müßte.

Es ist ein allen Industrievölkern eigentümliches Phänomen: Je ergiebiger ihre Gesellschaftswirtschaft und je selbstverständlicher ihr Reichtum wird, desto schwächer wird die Bereitschaft, die Effizienz in der Kooperation aller Gesellschaftsmitglieder als oberstes Problem noch anzuerkennen. Wir glaubten schon 1957 feststellen zu müssen: „Die zunehmende Sicherheit des physischen Wohlergehens setzt offenbar mit wachsendem Wohlstand Kräfte im Menschen frei, die sich nun mehr destruktiv als konstruktiv dem Gemeinwesen zuwenden und von ihm mehr verlangen als die Sicherung der nackten Existenz. Die Freiheits- und Gerechtigkeitsansprüche der Menschen im Rahmen ihres Gemeinwesens wachsen mit dem Wohlstand, und die Sozialordnung wird nicht mehr ausschließlich danach beurteilt, ob sie die materielle Existenz des sozialen Ganzen zu sichern vermag, sondern danach, ob sie den sozialen Freiheits- und Gerechtigkeitsansprüchen genügt." Da aber gleichzeitig die Wandlungsdynamik der Gesellschaft weiter zunimmt und das arbeitsteilige Zusammenwirken aller sich weiter differenziert und kompliziert, ist das politische und wirtschaftliche Gemeinwesen in seinem Funktionieren mehr denn je auf einen ausreichenden Konsens der Staats- und Wirtschaftsbürger angewiesen, und zwar entweder im Sinne eines innerlich unbeteiligten Mit-sich-geschehen-Lassens oder im Sinne eines aufmerksamen aktiven Mitwirkens und Sich-Einstellens. Das erste wäre die totalitäre Lösung, das zweite die demokratische. Will man das demokratische Mitwirken, so verlangt auch das mehr Anstrengungen als es Bequemlichkeiten gewährt. Freiheit ist dann nicht mehr das Recht auf individuelles Tun-und-Lassen-Können, sondern Freiheit wird dann zur Einsicht in das Notwendige. Der Abbau der sogenannten autoritären Strukturen in Ost und West wird daher auf die Dauer davon abhängig sein, wie weit sich ein sachverständiger und gleichzeitig konstruktiv kritischer als auch anpassungsbereiter Gemeinsinn bei den Staats- und Wirtschaftsbürgern entwikkeln läßt. – Das aber ist ein Bildungs- und Erziehungsproblem.

Wahrscheinlich macht man sich keiner Übertreibung schuldig, wenn man behauptet, daß die Weichen zu unserer wirtschaftlichen und politischen Zukunft im pädagogischen Raum gestellt werden.

Wir fürchten, unsere junge Spontanopposition wird wenig für die Binsenweisheit übrig haben, daß ein demokratisches System gerade wegen seines freiheitlichen Charakters weniger Unerzogenheit als ein totalitäres oder autoritäres vertragen kann. Falls sie und das von ihnen attackierte Establishment dies nicht begreifen, wird kein Fortschritt zu erwarten sein. Es wird sich dann auch nicht die Unruhe der Jungen auf so kleiner Flamme halten lassen, daß sie die Reformen, die auf fast allen Gebieten unseres gesellschaftlichen Lebens anstehen, mehr fördern als behindern werden.

Läßt sich diese Unruhe nicht zügeln und zu konstruktiven Leistungen sublimieren, geraten durch sie Freiheit und Ordnung miteinander in einen unlösbaren Konflikt, dann wird es für unsere Demokratie bereits zu spät sein, um noch die dialektische Beziehung zwischen Freiheit und Ordnung berücksichtigen zu können, die Eduard Heimann einmal folgendermaßen gekennzeichnet hat: „Ordnung setzt unserer Freiheit, nach Gutdünken zu handeln, gewisse Schranken; wird sie zu weit getrieben, so entartet sie in Unterdrückung und Tyrannei. Freiheit dagegen ist ein Bezirk außerhalb der Strenge der Ordnung. Geht sie zu weit, so entartet sie in Gesetzlosigkeit und Chaos. Freiheit und Ordnung stehen einander nicht nur feindlich gegenüber, sondern sie setzen einander auch voraus. Denn persönliche Freiheit kann es ohne Ordnung in der Gemeinschaft nicht geben, und dauerhafte Ordnung kann ohne ein Mindestmaß von Freiheit nicht bestehen ...

Ordnung ist die Notwendigkeit des physischen Lebens einer Gemeinschaft mit Arbeitsteilung; ein Angriff auf die Ordnung, selbst zu dem Zweck, eine andere Ordnung aufzurichten, gefährdet zeitweilig unser ganzes körperliches Dasein. Freiheit ist von ganz anderer Art; sie ist die Luft, die wir zur geistigen Verwirklichung unserer selbst atmen müssen. So liegt es im Wesen des Menschen, Ordnung für sein körperliches Dasein und Freiheit für sein geistiges Leben zu benötigen. Ordnung ist grundlegender, Freiheit erhabener.

Das besagt aber, daß die Menschen ihr körperliches Sein nicht einen einzigen Tag ohne Ordnung leben können, während sie, wenn es sein muß, ohne Freiheit lange Zeit auszukommen vermögen. Aus diesem Grunde siegt in einem Konflikt zwischen beiden Bedürfnissen, wenn Ordnung und Freiheit unversöhnlich erscheinen, stets die Ordnung und unterdrückt die Freiheit. Das zeigt die Geschichte des nationalsozialistischen Deutschlands."

Aus: Heinz-Dietrich Ortlieb, Die mißverstandene Revolte. Gesellschaftsreform, Hochschulreform und Studentenrevolte, Hamburg 1968, S. 7–42.

Literatur

Dörge, F.-W.: Zur Krise der politischen Bildung, in: Hamburger Jahrbuch für Wirtschafts- und Gesellschaftspolitik, 9. Jahr, 1964.

Heimann, E.: Freiheit und Ordnung. Lehren aus dem Kriege, Berlin 1950.

Kennan, G. F.: Rebellen ohne Programm, Stuttgart 1968.

Ortlieb, H.-D.: Das Ende des Wirtschaftswunders. Unsere Wirtschafts- und Gesellschaftsordnung in der Wandlung, Wiesbaden 1962.

Scheuch, E. K.: Soziologische Aspekte der Unruhe unter den Studenten, in: Beilage zu „Das Parlament", B. 36/68, 4.9.1968.

Schumpeter, J. A.: Kapitalismus, Sozialismus und Demokratie, Bonn 1946.

CHRISTA MEVES

Vorausschau 1959–1974

Warnungen: Diagnosen und Prognosen

Und der Herr schlug das Volk, weil sie sich das Kalb gemacht hatten, das Aaron angefertigt hatte.

2. Mose 32,35

Und es werden sich viele falsche Propheten erheben und werden viele verführen. Und weil der Unglaube wird überhand nehmen, wird die Liebe in vielen erkalten.

Matthäus 24,11.12

„... Das Rowdytum ist ein aufschlußreiches Symptom. Es tritt vornehmlich in den demokratischen Ländern auf, weniger in den totalitären Staaten, denn es ist eine Erscheinungsform der Verwilderung, der Verwahrlosung, wie sie nur auf dem Boden der Freiheit wachsen kann – zwischen den guten eine der faulen Früchte der freien Welt. Analoge Symptome sind die leere Genußsucht weiter Bevölkerungskreise und das immense Zunehmen der Neurosen, das Versagen einer großen Zahl seelisch kranker Menschen, die rentenheischend und kümmernd die Wartezimmer der Ärzte und die staatlichen Sanatorien bevölkern. Diese Erscheinungen sind für uns deshalb heißes Eisen, weil sie de facto demonstrieren, daß der höchste Wert, auf den unsere Lebensform in leidenschaftlicher Ablehnung des Sklaventums der Diktaturen sich aufbaut – die Freiheit –, einer Zahl von Menschen offenbar nicht bekommt, daß wertvolle Lebensenergien durch die Bindung in die Krankheit verlorengehen.

Dieser Gefahr kann man begegnen, wenn sich Gesetzgeber und Reformer bewußtmachen, daß Freiheit im Leben eines Menschen nur dann fruchtbar sein kann, wenn er reif geworden ist, wenn er in einem mühsamen Erziehungsprozeß ein so hohes sittliches und kulturelles Niveau entwickelt hat, daß er von sich aus seine Kräfte verantwortungsbewußt einsetzen kann. Denn auch auf der Entwicklungsstufe, die den Menschen zur Freiheit befähigt, erfüllt sie sich erst im Gehorsam, in der Anerkennung einer sittlichen Ordnung, in einem ‚Gefühl schlechthinniger Abhängigkeit', in das alle echte Verantwortung einmündet. Bis er diesen Entwicklungsstand erreicht hat, genügt es nicht, für sein körperliches Wohl zu sorgen, wie es heute in unserem Sozialstaat in einem erstaunlich hohen Maße geschieht, sondern er muß planvoll geführt werden. Seinem Geist und seiner Seele müssen Leitbilder und Inhalte gesetzt werden, an denen sie sich entwickeln können. Die freie Welt gefährdet ihre Jugendlichen, gefährdet auch die auf einer noch unfreien Entwicklungsstufe stehenden Erwachsenen durch zu viel Sich-selbst-überlassen-Sein. Sie läßt eine ausreichende staatliche Lenkung und Behütung der Freizeit des einzelnen zur Förderung seiner sittlichen Kräfte und Fähigkeiten vermissen. Das Gefühl leeren Allein-gelassen-Seins macht die Unmündigen nicht wirklich frei, sondern stößt sie in die Richtungslosigkeit und Ungeborgenheit. Daraus erwächst ihre Not, daraus der ins Leere stoßende Protest, daraus die Krankheit der Angst und Verlassenheit: die Neurose."

(Aus einem Aufsatz in der Frankfurter Allgemeinen Zeitung, Nr. 241, vom 17. 10. 1959, S. 12.)

„Wenn wir dafür sorgen, daß diese Kinder mit Hilfe des Penicillins ihre Lungenentzündungen, mit Hilfe von Infusionen ihre Dyspepsien überstehen, so müssen wir auch dafür zu sorgen versuchen, daß sie zu Menschen heranwachsen, die ein sinnvolles, befriedigendes Leben führen können, statt das Kollektiv später durch oft gemeinschaftsfeindliches Verhalten zu gefährden. Solange wir es nicht schaffen, die Zunahme der Kriminalität unter dem Blickwinkel der frühen Triebstörungen zu sehen, wird es uns nicht gelingen, diesem Problem auch nur annähernd zu Leibe zu rücken. Obgleich die Tierverhaltensforschung jünger ist als die Kinderpsychotherapie, ist es in der Zookunde schon fast eine Binsenweisheit, daß man durch Anpassung an die lebensnotwendigen Entwicklungsbedingungen der Tiere Triebstörungen verhindern kann. Eine entsprechende kollektive Psychohygiene in bezug auf den Menschen ist in Deutschland noch weit davon entfernt, selbstverständlich zu sein."

Aus einem Vortrag, gehalten auf einer Verbandstagung der Psychagogen in München 1965; erstmals publiziert in: Praxis der Kinderpsychologie und Kinderpsychiatrie 16, Nr. 8, 1967, S. 280.

„Das Märchen von Hänsel und Gretel gibt in unübertrefflicher Weisheit eine genaue Schilderung des Entwicklungsgangs der künftigen Jugend und ihrer Gefahren: Von der Mutter, die leiblichen Hunger und seelichen Mangel leiden ließ, verstoßen, geraten die Kinder in größere Gefahr: Von der Frau mit dem Lebkuchenhaus, vom Überfluß selbst eingesperrt und fast gefressen zu werden. NUR NOCH DAS FEUER UND DER MORD RETTEN VOR DEM SICHEREN UNTERGANG.

Vielleicht verstehen Sie jetzt besser, warum die seelische Verwahrlosung in der westlichen Welt generell eine so große Gefahr für die seelische Gesundheit dieser Völker zu werden droht: ... Vollgestopft mit vorgekauten Konsumgütern wird die durch den seelischen Mangel erzeugte Lahmheit jetzt künstlich festgemacht, zu einer Fettheit freilich, die mit zuchtloser Unordnung und Aggressivität reagiert, wenn die Schule und später das Leben Verzichte und längerdauernde Anstrengung erfordern.

Seit dem Märchen von Hänsel und Gretel wissen wir nun schon: Härte und Hunger machen heimatlos und treiben an den Abgrund, Verwöhnung und Überfluß machen lahm und fressen auf. Die Psychologie bescherte uns den wissenschaftlichen Nachweis über die Folgen dieser schädigenden Einflüsse, indem sie u. a. das Bild der Verwahrlosung gründlich beschrieb und seine Hintergründe durchleuchtete. Werden wir daraus die Konsequenzen ziehen, dieses Wissen zum Wohl der Gemeinschaft praktisch anzuwenden?"

Aus einem Vortrag, gehalten in einem regionalen Sozialausschuß in Uelzen 1965; erstmals publiziert in der Zeitschrift: Wege zum Menschen 19, Nr, 12, 1967, S. 481.

„Wir sollten es nicht nur als Pubertätsschwierigkeiten auffassen, wenn unsere Jugend revoltiert. Ein sehr charakteristisches negatives Vorzeichen der jungen Rebellen, so müssen wir konstatieren, ist die Bindungslosigkeit, das für uns so erschütternde fehlende Gefühl für Verantwortung. Wir haben schon lange voller Besorgnis feststellen können, daß die natürlichen Bedingungen, die ein Mensch in seiner frühen Kindheit braucht, gerade in der Nachkriegsgeneration immer weniger vorhanden waren... Hier machen wir so grundsätzlich Dinge kollektiv in einer so schwerwiegenden Weise falsch, daß einem angst und bange wird vor der Generation, die zwischen 1960 und 1970 Säugling war...

Wir müssen differenzieren zwischen der fruchtbaren Revolte, die sich auflehnt gegen eine starre, im Traditionalismus erstarrte Autorität und einer falschen Revolte. Es gibt unter unseren Studenten diese beiden Arten. Sie sind durchaus unterscheidbar und erkennbar. Diejenigen, die Ziele haben, die schöpferische Vorschläge machen, stehen in einer fruchtbaren Opposition. Den Sündenfall der Verselbständigung als Konflikt zwischen Vätern und Söhnen hat es ja immer gegeben. Aber es wäre ein großer Irrtum und eine Bagatellisierung zu meinen, es handle sich hier um den fruchtbaren Konflikt zwischen Vätern und Söhnen allein. Auch anarchistische Elemente, die unsere Zukunft gefährden, sind dabei, und sie machen natürlich jene zu Mitläufern, bei denen ähnliche Gestimmtheiten der Ungeborgenheit, der Bindungslosigkeit, des protestierenden gespannten Nichthabens vorhanden sind."

Auf der Tagung der Paulus-Gesellschaft in Freudenstadt 1968, mit dem Thema: Natur und Natürlichkeit, als Diskussionsbeitrag; publiziert in: Dokumente der Paulusgesellschaft, Bd. 10, München 1968, S. 133.148.

„Die Jugend heute sucht keine papierenen Ideale, auf Pathos-Geschrei fällt sie nicht mehr herein, wie die zwei Generationen vor ihr, sie braucht persönliche Vorbilder, die Träger echter Werte darstellen, Werte wie: Mitmenschlichkeit, Hilfsbereitschaft, Freundschaftlichkeit, Toleranz, aber ebenso die Festigkeit einer aus Erfahrung gewonnenen Erkenntnis über Gut und Böse, Recht und Unrecht, Ordnung und Unordnung.

Hier wird mit einer geradezu verblüffenden Konsequenz der geistige Substanzverlust der Erwachsenen deutlich.

Wodurch zeichnet sich die Jugend heute aus? Durch Gestaltlosigkeit, durch Formlosigkeit, durch Understatement, das heißt durch Gefühlsuntertreibung, durch Gelangweiltheit. Für das romantische Pathos der Erwachsenen, für das Pathos von Vaterlandsliebe, Ehre und Pflichterfüllung, Kirchentreue hat sie nur ein ironisch-müdes Achselzucken, sie will lieber nichts, gar nichts, lieber die Langeweile, den Krawall als die verlogenen alten Formen, die auch die Erwachsenen nur wie eine alte Hose wieder angezogen haben, als die Welt wieder bürgerlich wurde nach 1948. Diese alten Werte aber sind im allgemeinen in der Erwachsenengeneration ein leeres Klischee, sie sind nicht der Grund, auf dem sie stehen mit der Inbrunst einer Überzeugung. Wir haben unsere Häuser nach 1948 wieder aufgebaut, wir haben den Hunger und die Kälte besiegt, aber die geistige Erneuerung ist ausgeblieben, denn die alten Normen waren in dem entsetzlichen Betrugsmanöver des Dritten Reiches entwertet worden. Wie wenig und in welchem Ausmaße sie nicht mehr tragfähig waren und sind – das wird uns in dem Phänomen der Gestaltlosigkeit der Jugend wie von einem schonungslosen Spiegel offenbar gemacht. Gestalt, Form, Wertstreben, Geist – das alles sind männliche Prinzipien, deuten auf väterliche Aufgabenbereiche hin. Aber unsere Jugend zeigt sich damit nicht nur als eine verwahrloste, entstaltete, sondern auch als eine vaterlose Jugend – aus vielerlei Gründen:

1. aus dem durch den Krieg bedingten unermeßlich großen Väterverlust,
2. aus dem Zeitmangel, der um die materielle Existenz bemühten Väter,
3. aus Mangel an geistiger Wertträgerschaft und geistiger Standhaftigkeit vieler Väter und vieler Lehrer und
4. aus dem Abbau der personellen Gott-Vater-Beziehung.

„Gott ist tot" – hat Nietzsche gesagt als der Repräsentant seiner Zeit – und seitdem stehen wir in einem Entvaterungsprozeß, in einem noch immer nicht beendeten Verfall geistigen Wertstrebens und sittlicher Normen. Denn wo nicht verantwortet zu werden braucht, fällt auch die Verpflichtung mehr und mehr zu einem hohlen Begriff zusammen. Der Bolschewismus bietet seiner Jugend wenigstens einen Religionsersatz im ‚Vater Staat' an und bindet das Wertstreben der Jugend ein in ideologische Normen, wie es ja auch das Dritte Reich zustande brachte. Solche Jugend findet Ziele – wenn es auch von uns abzulehnende Scheinziele sind – für ihr Suchen nach Gestaltung höherer Art, solche Jugend ist – schrecklicherweise muß das gesagt werden – gesund und leistungsfähig. Daß wir unserer Jugend keine Inhalte zu bieten haben, außer einem sehr fragwürdigen Ideal der Freiheit, wirkt sich dahin aus, daß die westliche Jugend „zu später Stunde ungenau in dieser Welt steht", wie es in einem Gedicht von Günther Anders heißt. Denn selbst die Freiheit ist ja dem Chaos der totalen Unordnung nahe, wenn sie Bindungslosigkeit auf ihr Banner hebt – auch der Begriff der Freiheit wird erst ein ethischer Wert, wenn er auf ein Ziel deutet, das von einem religiösen Verantwortungsbewußten getragen wird...

Deutlich wird damit sichtbar: Das Problem unserer Jugend heute ist ein Problem der Erwachsenen, ist ein Niederschlag eines bestimmten Zeitgeistes – und dieser Zeitgeist ist insofern krank, als er eines der lebensnotwendigsten Bedürfnisse des Menschen, das in einem religiösen Bezug erlebte Gefühl von Sinnhaftigkeit seines Lebens, nicht mehr befriedigt."

Aus einem Vortrag 1965, innerhalb eines Vortragszyklus in der Volkshochschule Uelzen mit dem Thema: Das schwierige Kind; erstmals publiziert in dem Buch: Die Schulnöte unserer Kinder, Furche-Verlag, Hamburg 1969, S. 76. 80ff.

„Schon jetzt zeigen sich generelle Phänomene, die darauf schließen lassen, daß Anpassungsbereitschaft, Bindung und Verantwortungsgefühl für überpersönliche Ordnungen bei einer immer größer werdenden Zahl von Menschen nicht mehr zureichend und steuernd vorhanden sind. Bereits jetzt werden die für diese Krankheit typischen illusionären Riesenerwartungen zu Ideologien aufgeheizt, denen wir – schreitet die Entwicklung so fort – in wenigen Jahren nicht mehr werden Herr sein können, denn die Eigengesetzlichkeit anarchistischer Mechanismen ist von einem gewissen Quantitätsgrad ab nicht mehr durchbrechbar. Wenn der homo faber dem Rausch des Sieges über die Natur verfällt, statt von ihr zu lernen, wird sie ihn mit Krankheit und Verwahrlosung seiner Nachkommen schlagen. Und dann werden gesündere oder klügere Völker sein Erbe anzutreten haben."

Aus einem Vortrag, gehalten 1968 in der Gesellschaft für Praktische Psychologie; publiziert in der Zeitschrift für Praktische Psychologie, Nr. 1/2, 1969, und als Vortrag wiederholt im Wissenschaftsfunk des Süddeutschen Rundfunks am 31. 1. 1971.

„Die Zerstreuer von drückender Sorgenlast haben von eh und je Zustimmung geerntet und die Lacher auf ihrer Seite gehabt; denn es ist im höchsten Maße unbehaglich, einer drohenden Gefahr sehenden Auges zu begegnen. Dennoch besteht allein darin eine – wenn auch oft nur geringe – Chance, etwas zur Abwendung der Gefahr zu planen. Kassandras düstere Prophetie kann nur dadurch ad absurdum geführt werden, daß man auf sie hört.

Bei den vielen Veranstaltungen um das Problem der Jugend heute können ‚Fachleute' des Applaus' gewiß sein, wenn sie dieses ‚heiße Eisen' verharmlosen. Und das geschieht allerorten: Die ältere Generation ist stolz darauf, sich so jung zu gebärden, daß sie vor gerührtem ‚Verständnis' für die Belange der Jugend nur so aus den Nähten platzt. In geradezu masochistischer Weise schlägt sich diese betrogene Generation des ‚großen Führers' an die Brust, ruft ‚mea culpa' und findet es geradezu legitim, daß ihnen der Muff in Form von faulen Tomaten nur so um die Ohren klatscht.

Selten in den Diskussionen, in denen vom ‚typischen Generationenkonflikt Pubertierender' gesprochen wird – geschichtlich mit Zitaten aus der Antike, dem Sturm und Drang, der Jugendbewegung fein überzuckert – wird der Vergleich gewagt, daß die Jugendgeneration der Väter und Mütter heute sich unter einem sie verratenden, sie zu Schlachtvieh ausersehenden Staat damals frei und einsatzfreudig fühlte, daß hingegen ihre

Kinder unter einem Regime, das um die Freiheit ihrer Staatsbürger als um ihr heiligstes Gut geradezu zwanghaft bemüht ist, sich unfrei, unterdrückt, gepeinigt, unmündig und ungerecht behandelt fühlt.

Diese Diskrepanz zwischen objektiven Tatbeständen und subjektivem Empfinden müßte eigentlich jedem einigermaßen nachdenklichen Menschen vollständig offenkundig sein. Aber das Gegenteil ist der Fall: Dieser blinde Fleck wird durch das generelle Unbehagen der Menschen in der westlichen Welt immer voluminöser. Das entspricht einer sehr allgemeinen Grundregel im Verhalten von Menschen, ja selbst schon von Tieren: Werden über lange Zeit lebensnotwendig Bedürfnisse gestaut, so entladen sie sich schließlich an Scheinzielen. Die an einer unerfüllten Lebensweise krankende Zimmervermieterin lenkt ihre fundamentale Mißstimmung auf den harmlosen Untermieter, schüttet Kübel von Zorn und Schikane über ihn aus und ist allen Ernstes fest davon überzeugt, dieser Mensch habe ‚ihr Leben vergiftet'. Ich will damit sagen, es scheint mir dringend an der Zeit, nach den unbewußten Motivationen des Geschreies nach Freiheit in der Freiheit zu fragen.

Das Scheinziel ist klar. Es richtet sich grundsätzlich gegen die, die einen Rang erklettert haben, die ‚etwas bestimmen'. Es ist zwar nur noch sehr wenig übriggeblieben heute von autonomen Machtstellungen – aber selbst an den Rudimenten solcher Positionen entzündet sich der Schrei nach: Mitbestimmung. Diese Zeit wäre nicht unsere Zeit, wenn das in der verunsicherten Erwachsenengeneration nicht Anklang fände. Man lädt ein zum Mitbestimmen und macht dann eine höchst seltsame und erschreckende Erfahrung: Freigelassen zur Meinungsäußerung und Mitbestimmung erhebt sich erneut Terror, wenn konkrete, konstruktive Vorschläge gemacht werden. Tumult als Antwort auf einen Plan, welcher Art auch immer, führt die verständnislosen Bosse in ratlose Verwirrung. Intelligenz, Toleranz und Hermeneutik strecken resigniert die Waffen. Das ist unsere Situation. Und nötig ist an dieser Stelle zu konstatieren: Oberstes Charakteristikum der Revoluzzer ist: sich nicht festlegen zu wollen. Es bildet die Alternative zum sogenannten Establisment. Sich nicht zu binden, wird zum Postulat, zum ideologischen Manifest. Die Fragwürdigkeit eines solchen Konzeptes liegt auf der Hand. Total ungebunden kann nur ein Robinson Crusoe auf einer einsamen Insel sein. Bereits in jeder Tiergemeinschaft, und zwar je dichter sie lebt, um so strenger, bildet sich eine hierarchische Ordnung, die ihre festen Grundregeln hat. Jedes Exemplar, das sich nicht den Regeln dieser Ordnung einfügt, wird ohne jede Mitbestimmung des Deliquenten konsequent und nachhaltig eliminiert – nicht, weil sie antiquiert-autoritär sind, diese Viecher, sondern aus einem sicher funktionierenden Instinkt, der im Dienst der Arterhaltung der Gruppe steht. Das ist das eine. Das andere: Den Schrei nach mehr Unabhängigkeit kennt jeder Therapeut, der in der praktischen Jugendarbeit steht. Er tritt gerade *nicht* bei einen Jugendlichen auf, die in liebevoller Ordnung echter Autorität aufwuchsen, sondern gerade dort, wo vom Lebensanfang an in der Umgebung viel Unordnung, Lieblosigkeit und Verlassenheit war. Der Schrei nach Freiheit ist nicht eigentlich ein Bedürfnis nach äußerer Freiheit – denn davon hatten gerade diese Kinder oft überreichlich –, sondern ist die (uneingestandene) Aussage eines Unvermögens: des Unvermögens, hart und trotz der widrigen Umstände des Lebens zu arbeiten, des Unvermögens durchzuhalten und sich anzupassen und infolgedessen die Angst, bei einem neuen Versuch abermals (wie schon so häufig erfahren) zu scheitern. Eine fundamentale Fähigkeit zum Gehorsam, das Vermögen zu einem konstruktiven Engagement, das den Menschen festlegt und ihn letztlich zu einem überpersönlichen Ja, einer überpersönlichen Bindung nötig, das ist es, was fehlt.

Natürlich geben solche sogenannten neurotisch Verwahrlosten grundsätzlich den gegenwärtigen Umständen die Schuld: den unmenschlichen Lehrherren und Lehrern, der Straßenbahn, der schlechten Unterkunft, dem Jugendamt usw. Sie empfinden sich von derlei Institutionen ungerecht behandelt, selbst wenn diese sich für sie einsetzten, und treiben in gänzlicher Ermangelung jedes Gefühls von Dankbarkeit Verrat, wo sie nur eine Schwäche dieser ihrer ‚Unterdrücker' wittern.

Passivität, das Unvermögen zu gefühlsmäßiger Bindung und damit Gewissenhaftigkeit und ein befremdlich anmutender Protest gegen die Ordnung, die sie im Grunde nicht unterdrückt – das sind die nie fehlenden Charakteristika einer neurotischen Verwahrlosung. Lediglich Bandenregeln können sich solche Jugendlichen einfügen, denn hier wird die Arbeitsscheu zum Protest sanktioniert, die Aggression des unbestimmten Gefühls von Ungerechtigkeit und Zu-kurz-gekommen-Seins geschürt und in der kriminellen Handlung entladen. Dabei darf nicht übersehen werden: Auch jedes Bandenmitglied fühlt sich im Recht, ist davon überzeugt, sich in freier Entscheidung dazu entschlossen zu haben, diese ‚verrottete Welt' auf den Kopf zu stellen und den widerlichen Spießern eins auszuwischen. Ich habe viel Gelegenheit gehabt, diesen Umstand in vertrauensvollen Gesprächen mit ‚Rockern' und jugendlichen Rechtsbrechern zu konstatieren... Denn dem, der es nicht lernte, sich zu binden, fehlt später Nachahmungsbereitschaft und Gefolgstreue, Eigenschaften, die die Voraussetzung bilden für die Bereitschaft, von den ‚Großen', den Erfahrenen etwas zu lernen. Außerdem kann auch das zu rasche und zu reichliche Füttern ... die spätere Bereitschaft zu Arbeitsanstrengung herabsetzen, weil solche Kinder weiter unbewußt den Anspruch haben, die gebratenen Tauben möchten ihnen von allein in den Mund fliegen. Da die Tauben das später nicht zu tun pflegen, reagieren solche Menschen in Situationen, in denen eine erhöhte Arbeitsanstrengung von ihnen erwartet wird, mit empörtem Protest.

Wenn man diese Zusammenhänge erfaßt, wird klar: Mit der zunehmenden Berufstätigkeit vieler Säuglingsmütter, mit den kollektiv praktizierten fragwürdigen Fütterungsweisen der Säuglinge, mit der ‚Technisierung' auch der Kindheit, die statt Liebe und Opferbereitschaft vorgekaute Materie anbietet und eine maßlose Verwöhnung provoziert, muß die psychische Erkrankung ‚neurotische Verwahrlosung' geradezu eine seuchenähnliche Gefahr in der westlichen Welt werden. Denn während die Kinder früher starben, wenn ihre Grundbedürfnisse unzureichend befriedigt wurden (Heimkinder sind wesentlich anfälliger als Mutterkinder), sorgt die Medizin heute dafür, daß alle diese Kinder groß werden. Die Folgen sind heute bereits kollektiv sichtbar. Heute noch sind es Minderheiten, denn die Notjahre 1944 bis 1950 traf eine relativ kleine Zahl der damaligen Jahrgänge. Was aber wird werden, wenn die Generation des Wirtschaftswunderschlaraffenlandes zur Jugend herangewachsen ist? Es wird uns dann wohl nichts anderes übrigbleiben, als die Leute zu Rate zu ziehen, die Erfahrungen mit Gruppen von Verwahrlosten haben: die Sozialarbeiter der Fürsorgeheime, die Gefängnispsychotherapeuten. Denn mit einem verstehenden Auf-die-Schulter-Klopfen, das werden dann allmählich auch die wohlwollendsten Universitätsprofessoren erfahren haben, ist ganz bestimmt dem Problem nicht beizukommen: Nicht umsonst ist diese Krankheit die schwerste unter allen umweltbedingten Verhaltensstörungen, sie ist oft hartnäckig therapieresistent und bedarf der konsequenten Hand eines wohl verstehenden, aber nichtsdestoweniger festen Erziehers, der die Gefährdung der Ordnung unter gar keinen Umständen duldet – zum eigenen Heil des Zöglings, dem die Reife zur Freiheit noch fehlt, da er partiell entwicklungsgehemmt ist. Diese Krankheit hat ihre spezifische Verlaufsform mit ungünstiger Prognose, ihre Therapie ist Sisyphosarbeit und bedarf der kundigen Hand. Bei uns Praktikern gilt die Regel: Nimm *einen* Verwahrlosten *oder* zehn andere Neurotiker, denn seine Therapie kostet oft sogar mehr Kraft als ein einziger Mensch hat. Daraus resultiert die bange Frage: Wie wird unser Staat mit einem ganzen Kollektiv künftiger Verwahrloster fertig werden?

Aus einem Aufsatz in der Zeitschrift „Frauenkultur" 72, Nr. 1, 1969, S. 6ff.

„Zur antiautoritären Erziehung: Wir sehen: Viel Revolutionäres, viel befreiend Richtiges und noch heute Gültiges hat Rousseau bereits 1762 gewußt – anderes, was er innerhalb der Erziehung des Menschen für ‚natürlich' hält, hat sich hingegen als unnatürlich erwiesen, vor allem dort, wo er Passivität in der Erziehung, Nichtbeachtung der Kinder und ein allgemeines Laissez-faire-Prinzip empfiehlt.

Dieses Prinzip hat wohl auch kaum auf genauen Beobachtungen beruhen können – Rousseau selbst hatte ja seine fünf eigenen Kinder im Findelhaus abgegeben, ohne sich je wieder um sie zu kümmern. Dieses Prinzip ist erdacht aus Protest gegen die genußsüchtige, gedankenlose Bourgeoisie des vorrevolutionären Frankreichs, genau so, wie das Prinzip der antiautoritären Erziehung erdachte und angewandte Gesellschaftskritik ist. Mit Wissen um die Natur des Kindes, mit Erziehungskunde im wahrsten Sinne des Wortes haben diese Versuche wenig zu tun.

Nur Eltern, die es wagen, ihren kleinen Kindern mit fester Hand einen beschützenden Raum zu bieten, in dem es Licht- und Schattenseiten gibt, nur solche Eltern werden es in der Pubertätzeit ihrer Kinder erleben, daß diese ihr Frei-gelassen-Werden ins Erwachsenenalter ertragen, ohne in einer Weise über die Stränge zu schlagen, die sie selbst und die Gemeinschaft schädigt.

In Freiheit verantwortlich zu handeln, lernt nur ein Mensch, der als Kind an seinen Eltern hat erfahren dürfen, daß sie sich dafür verantwortlich fühlten, ihn zu erziehen."

Aus einem Vortrag der Wissenschaftsabteilung des Süddeutschen Rundfunks, gehalten am 26. 10. 1969.

„M. E. ist es von außerordentlich großer Wichtigkeit, daß sich uns der Blick für diese beängstigende und tragische Wirklichkeit nicht verstellt, daß wir nicht hereinfallen auf die rationalisierten, sekundär sanktionierten Scheinmotivationen der oft hochintelligenten Bandenführer. Zu allen Zeiten, nicht erst seit den Raubzügen des Schinderhannes, brauchen Räuberbanden moralisierende Begründungen ihrer Taten. Der Bandenführer Stanz in meinem eingangs beschriebenen Beispiel, der bei den nächtlichen Raubtaten, für die er die Pläne gemacht und die Rollen verteilt hatte, lediglich zusah wie Napoleon auf dem Feldherrnhügel, wußte mir eine halbstündige Erklärung für das Treiben seiner Bande abzugeben: Das Eigentum ist falsch verteilt, die Reichen haben zu viel, die Armen zu wenig, die *Gesetze* unserer Gesellschaft allein sind ungerecht.

Was sie stählen, gehöre im Grunde ihnen, und man enthielte es ihnen lediglich vor. Auf meine Frage, warum man dann aber einer armen Rentnerin ihre letzte Barschaft stehle, warum man einen Arbeitersohn, der sich mühsam eine Tankstelle erarbeitet habe, zusammenschlüge, um ihm seine Tageseinnahmen zu rauben, erwidert Stanz, leider ließe sich das nicht immer so einrichten, daß es die Richtigen träfe; aber durch jede Tat dieser Art solle demonstriert werden, daß diese Gesellschaft durch und durch verrottet sei. An dieser Stelle ist es von Wichtigkeit zu unterscheiden: Hier wird unbewußt Habgier zwar ideologisiert und damit entstellt, und dennoch wird, wie in jedem kollektiven Symptom, etwas Richtiges zum Ausdruck gebracht: Im Symptom der Verwahrlosung zeigt sich in der Tat eine Fehlentwicklung der Gesellschaft, die den positiven Stellenwert hat, warnendes Signal zur dringend notwendigen Veränderung zu sein. Eine solche Ideologisierung, wie Stanz sie vorbrachte, bewirkt eine Verstärkung des Zusammenhalts von Banden. Sie ermöglicht es vor allem dem Bandenführer, mit Hilfe ideologischer Schlachtrufe, d. h. also mit dem Appell an überpersönliche Aufgaben der einzelnen Bandenmitglieder, diktatorisch einen Bandenkodex aufzustellen, der meist mit äußerstem Druck und aggressiver, ja sadistischer Unnachgiebigkeit und Konsequenz eingehalten wird. Alle Bandenmitglieder bekundeten während des Prozesses nach der Entfernung von Stanz aus dem Gerichtssaal, wieviel zitternde Angst sie vor ihrem Anführer gehabt hätten, daß er für Unachtsamkeit bei den Taten später unvermittelt Fausthiebe ins Gesicht ausgeteilt habe, daß Ungehorsam und Übervorteilung mit Züchtigung geahndet worden sei.

Solche Erfahrungen im kleinen sollen uns eindrücklich lehren: Ein Kollektiv von Verwahrlosten ist in der Tat nur mit unfreiester Diktatur zu bändigen. Denn die fehlende Gewissensbildung ist allein durch eine massive Ängstigung ersetzbar und nur die Ideologisierung des unterschwelligen aggressiv-kaptativen Antriebsdrucks kann eine Zeitlang das brüchige Band bei einer größeren Menge von bindungslosen einzelnen bilden. Aber darüber hinaus wird deutlich: Dieser Neid der Armen gegen die Reichen als Motor ihres Renegatentums ist nur per Verschiebung, wie wir Fachleute sagen, auf den Raub materiellen Besitzes gerichtet. Sowohl Stanz als auch Bianca stammten aus wohlhabenden Elternhäusern, und die anderen Bandenmitglieder hatten alle Gelegenheit gehabt, genügend Geld zu verdienen und davon behaglich zu leben – wären sie nur bei ihrer Arbeit geblieben, hätten sie nur genug Ausdauer, genug Durchhaltevermögen gehabt. Nein *arm* waren diese Jugendlichen allein aufgrund der Verarmung ihres Gemüts – und ohne es zu wissen, suchten sie auch dieses eine: ihr Heil, die Fülle, den Frieden, die Erlebnisfähigkeit ihrer *Seele.*

Die fatalen Verwechslungen von Zu-trinken-Bekommen, von Sexualität oder Geld-Haben mit dem Ursprünglichkeitsbedürfnis *Liebe,* vorenthaltene Liebe zu bekommen und dadurch reich zu werden, läßt sich eindeutig aus den vielen, oft sinnlos erscheinenden Verhaltensweisen und Ersatzhandlungen nachweisen...

In den kommenden Jahren ist mit einer Eskalation und Quantifizierung verwahrloster Gruppen zu rechnen. Der Weg von Gammler- und Rockergruppen zu beziehungslosen Massenmorden ist von der Situation des gestauten Antriebsgeschehens in vielen jungen Menschen heute keineswegs mehr unvorstellbar lang. Die Aktivierungsbereitschaft liegt vielmehr geradezu auf der Hand und bedarf immer nur eines Einzelnen, der den Anlaß gibt, des einen besonders schwer Kranken...

Außerdem sind Verwahrloste wegen der depressiven Gestimmtheit in ihrem Inneren immer besonders anfällig für jede Form von Betäubungen, sie sind aus diesem Grunde immer suchtanfällig. Wird aber unter dem Einfluß der Gifte die Decke der Resignation gesprengt, die, als harmlos scheinende Gleichgültigkeit getarnt, die Aktivitätslähmung verursachte, so bricht – durch keine Steuerungsfaktoren mehr gehemmt – die gestaute Aggressivität selbst bei dem Passivsten der Gruppe so aus.

Es ist an der Zeit, daß wir unser Kokettieren mit dem angeblichen ‚Verständnis' für diese armen Jugendlichen, die sich gegen den Leistungsdruck und die Repressionen der Gesellschaft zu wehren glauben, aufgeben; denn damit verharmlosen wir ein böse-heißes Eisen. Wir unterschätzen damit die Dämonie des Bösen, wie es in Form von gestauten Antrieben als Rache der Natur an dem ihr entfremdeten, hochmütigen Menschen sichtbar werden kann. Mit einer überheblichen Geste des Verzeihens, mit lässiger Humanitätsduselei ist solch methodengerechter, zielgerichteter Wahnsinn nicht aus der Welt zu schaffen. Auch wenn wir ein sozialistisch vollkommenes Gesellschaftssystem verwirklicht haben würden, wäre es gewiß, daß die Krankheit ‚neurotische Verwahrlosung' und der Zusammenschluß der so Erkrankten zu Banden nicht ausgerottet werden würde, solange man dem Menschen nicht eine ihm adäquate, biologisch notwendige Erziehung und Entfaltung in der Kindheit zuteil werden ließe. In dieser Hinsicht sind wir auf dem falschen Weg: Wenn die neuen Ehegesetzentwürfe, die es den Frauen auferlegen, sich jederzeit wieder selbst versorgen zu müssen, durchgebracht werden, dann sind sie geradezu genötigt, in ihren Berufen zu bleiben, für die sie ausgebildet sind, dann wird die Mutter noch schutzloser, die Nur-Hausfrau *noch* mehr entwertet, dann werden *noch* mehr Säuglinge und Kleinkinder täglich von Hand zu Hand gereicht werden müssen.

Was aber wird werden, wenn eine solche Generation herangewachsen ist? ... Daß dann die Diktatur, wie sie Stanz praktizierte, allein die äußere Ordnung, ohne die eine größere Zahl von menschlichen Individuen nicht existenzfähig sind, schaffen könnte, ist sicher, eine Diktatur, die uns allen die Handlungsfreiheit weitgehend nehmen würde. Wenn wir uns, von Verwahrlosten angeführt, den Schrei nach immer mehr Freiheit auf den Lippen, zur Anarchie verführen lassen, statt uns freiwillig zu binden, freiwillig den biologischen Gesetzen zu gehorchen, denen wir naturgemäß nun einmal unterworfen sind, dann werden wir genau das Gegenteil von dem erreichen, was wir uns erträumen, nämlich: Ängstigung statt Befreiung, Gefangenschaft statt Unabhängigkeit.

Ich möchte zusammenfassen: Die Zukunft der zivilisierten Völker in der westlichen Welt ist von einer seelischen Erkrankung bedroht, die um so gefährlicher ist, als sie weder diagnostiziert noch in dem Ausmaß ihrer Verbreitung, die zu gemeinschaftsgefährdenden Gruppenbildung führt, erkannt ist. Sie äußert sich:

1. generell in der Ablehnung von Ordnung als Folge einer mutlosen Antriebsschwäche. Sie zeigt sich häufig zunächst in einer großen Unordentlichkeit in Kleidung und Lebensweise. Später kommt es unter dem Motor von Aggressionen, die im Teufelskreis von Fehlverhalten und Frustration der Umwelt verstärkt werden, zu mehr oder weniger heftigen Protesten gegen die gerade bestehenden Ordnungsformen;
2. in illusionären Riesenansprüchen aus einer Gestimmtheit des Zu-kurz-gekommenen-Seins, das Nicht-Habens heraus. Sie bewirkt die erhöhte Anfälligkeit für Eigentumsdelikte;
3. in einer tiefgreifenden Passivität. Die führt in eine mangelnde Durchhaltefähigkeit bei der Arbeit. Das Fehlen der Anstrengungsmöglichkeit (etwa in der Ausbildung, sich über Durststrecken hinweg für ein Fernziel einsetzen zu können), läßt Verhaltensweisen sichtbar werden, die als Faulheit imponieren;
4. in dem Unvermögen zu gefühlsmäßiger Bindung und damit Einschränkung des Verantwortungsgefühls für den Nächsten, wodurch eine Einschränkung der Opferbereitschaft hervorgerufen wird;
5. in der Verkümmerung des Gewissens und damit der fehlenden Steuerung der natürlichen primär egoistischen Triebimpulse, wie Machtstreben, Besitzstreben, Sexualität;
6. in einer negativistischen, nihilistischen, feindselig bis rachsüchtigen Weltsicht und damit einer Neigung zu gewalttätigen, undifferenzierten Racheakten, die
7. einem unbestimmten Gefühl fundamentaler Enttäuschung und Resignation aufsitzt und die Anfälligkeit für betäubende Süchte (Alkohol, Nikotin, Rauschgift, Lärm- und Sexorgien) fördert.

Es ist dringend an der Zeit, daß wir unser Kurieren an den Symptomen aufgeben. Weder durch Beschlagnahme und Verbieten der Rauschgifte noch dadurch, daß wir den Stanz', Pedros oder sonstigen Räuberhauptmännern das Feld überlassen, können wir uns heilen, sondern nur dadurch, daß wir die Krankheit an der Wurzel packen und dem Menschen an seinem Lebensanfang die Entfaltungsbedingungen erfüllen, ohne die er tierischer als jedes Tier, aber keineswegs ein liebesfähiger und das heißt ein gruppenfähiger Mensch wird. Denn Gruppenfähigkeit ist noch nicht dadurch gegeben, daß eine Anzahl von Menschen ein in ihnen gemeinsam vorhandenes mehr oder weniger bewußtes Bedürfnis in gezielter Aktion zu befriedigen sucht, wie die Bande. Gruppenfähigkeit im eigentlichen Sinne ist erst vorhanden, wenn Menschen in Rücksicht und Respekt füreinander und in der Bindung an eine heile Ordnung in der Lage sind, sich selbst aus der Mitte zu stellen, um eines überpersönlichen Zieles willen, das sie in durchhaltender Treue und in freiwilliger Verantwortung anzustreben vermögen."

Aus einem Vortrag, gehalten vor der Gesellschaft für Praktische Psychologie in Kaiserslautern 1970; erstmals publiziert in der Zeitschrift für Praktische Psychologie 11, Nr. 1/2, 1971, S. 16ff.

„Der Fortschritt des Menschen läßt sich nicht *gegen* seine Natur erzwingen. Kinder vertragen es nicht, von einer in die Männerrolle abirrenden Mutter in einer Ecke abgestellt zu werden, denn sie werden auf diese Weise in ihren *seelischen* Entfaltungsmöglichkeiten behindert. Man erzieht sie nicht zu einem Empfinden überpersönlicher Verantwortung, zu Brüderlichkeit und Toleranz, wenn man sie vernachlässigt. Wenn sie am Anfang keine Mutter hatten, die für sie da war, haben sie später für solche Werte gar kein Interesse, sondern fühlen sich lebenslänglich als Habenichtse, und deshalb werden sie sehr viel häufiger Räuber als Heilige. So weit sind die Menschen von den Enten und Graugänsen noch nicht entfernt, daß die Frauen es sich leisten können, gegen die biologischen Grundgesetze des Verhaltens, im Bewußtsein höherer Aufgaben, ihre Kinder auszusetzen – und Frauen wollen das auch gar nicht, sie werden lediglich von außen dazu getrieben!"

Aus einem Aufsatz in der Zeitschrift „Frauenkultur" 73, Nr. 5, 1970, S. 10.

„Soll der Mensch im technischen Zeitalter seine Krankheiten eindämmen, so braucht er nichts dringender als eine *bewußte Askese* gegen den Ansturm des Konsums, der ihm durch die Technik geboten wird, ihn aber des Kostbarsten beraubt, was er hat: der Fühlfähigkeit seines Ichs, dessen persönlicher Entscheidung, dessen Bekenntnis zu sich selbst – und damit seiner seelischen und eben auch der leiblichen Gesundheit. Enthaltsamkeit gegen den wahllosen Genuß – müßte das Gebot der Stunde heißen, Enthaltsamkeit als Voraussetzung für die Stille, die Leere, die Muße, ohne die der Mensch nicht gesund bleiben kann. Alles Weitere wäre einfach."

Aus einem Aufsatz in der Zeitschrift „Frauenkultur" 73, Nr. 2, 1970, S. 7.

„Auf diese Weise erfahren wir generell nicht nur eine Einbuße an sittlicher Kraft – es wächst zunehmend auch die Gefahr, daß das Gefühl für Familie, für ihre Notwendigkeit, ihren Wert ganz schwindet, so daß es zu neuen Modellvorstellungen kommt: der Kommune, der Ehe auf Zeit, der unvollständigen Familie, d. h. die Aufzucht unehelicher Kinder durch die Mutter allein, und anderer Vorschläge zur Polygamie. Diese Modelle bedürfen im Grunde keineswegs mehr der Erprobung; sie sind von einzelnen Personen oder Gruppen längst immer einmal versucht worden und regelmäßig gescheitert. Das liegt daran, daß sie Denkmodellen entsprangen, die ursprüngliche Gegebenheiten der menschlichen Natur unberücksichtigt ließen. Frauen wissen das im Grunde ihres Herzens, und deshalb scheiterte auch die Kommunenforderung zum öffentlichen Geschlechtsverkehr mit ständig wechselnden Partnern schließlich am Widerstand, am ‚Rücktritt' der Frauen aus diesen Kommunen. Und das lag nicht daran, wie man wähnt, daß sie noch zu sehr unter den ihnen eingeprägten gesellschaftlichen Zwängen stehen, sondern daran, daß ihre gesunde Natur, ihr gesundes Schamgefühl, ihr Bedürfnis nach einem einzigen Partner sich gegen die erdachte Zerrform der Kommune durchsetzte. Solange Frauen noch nicht vollständig seelisch verwahrlost, noch nicht gänzlich ‚ent-seelt' sind, sehnen sie sich nach dem *einen* Partner, mit dem gemeinsam sie eine Existenz gründen und eine Zukunft planen wollen, die den Wunsch nach gemeinsamen Kindern einschließt.

Und unsere Hoffnung auf eine Zukunft kann nur darin bestehen, daß diese der Natur entsprechende Wunschwelt der Frau nicht vollständig verschüttet wird. Denn davon wird es abhängen, ob es für die Menschen in den hochtechnisierten Ländern noch Zukunft geben wird, oder ob ihre Nachkommen seelisch so krank sein werden, daß Völker mit seelisch gesünderen Frauen ihr Erbe anzutreten haben."

Aus einem Vortrag der Festveranstaltung des Deutschen Roten Kreuzes in Bremen 1969; dort als Sonderdruck publiziert, S. 8.

„Unser Suchen nach Freiheit, das sicher auch ein entscheidendes Hintergrundmotiv der sexuellen Revolte darstellt, kann ja erst dann verwirklicht werden, wenn der einzelne die Verantwortung, seinen Mitmenschen nicht schaden zu wollen, selbst trägt, wenn er also eine *innere* Instanz einsetzt, die jetzt noch für den Unmündigen durch das Gesetz und die kollektive Moral reguliert wird. Der Weg in eine solche Freiheit setzt aber voraus: eine umfängliche Information über das Wesen und die Natur des Menschen, also Bereitschaft dazu, den anderen nicht zu schaden, und die ‚sittliche Reife', diese Bereitschaft in die Tat umzusetzen.

Das wäre ein langfristiges, ein besonnenes Zukunftsprogramm. Die wilde Wucherung: ‚sexuelle Revolte' kann dazu eventuell einen Anstoß geben, aber nicht mehr. Ihr Programm zu verwirklichen, hieße, das Kind mit dem Bade auszuschütten, wobei es gewiß in Teufels Küche geriete. Wir besitzen aus der Praxiserfahrung hinreichendes Material darüber, daß Kinder, die bedenkenlos mit Sexualität konfrontiert oder sexuell mißbraucht wurden, als Jugendliche oder Erwachsene unüberwindliche Genitalangst entwickeln und, falls es ihnen gelingt, sie zu verdrängen, zeitlebens mit unerkannten Hysterien, mit psychosomatischen Symptomen aller Art behaftet sein können – und das auch, ohne daß irgendeine Diffamierung durch die Gesellschaft stattgefunden zu haben braucht. Da Ekel, Abscheu und Verdrängung von Sexualität auch entstehen können, wenn Kinder im Übermaß und zur Unzeit mit ihr konfrontiert werden, dürfte es eine legitime Prognose sein, daß wir mit einer gewaltigen Zunahme der Hysterien zu rechnen hätten, wenn unsere unnatürliche Natürlichkeit zur kollektiven Norm erhoben werden sollte."

Aus einem Vortrag, gehalten auf der Jahrestagung der Gesellschaft „Arzt und Christ" in Würzburg 1969; erstmal publiziert in Zeitschrift „Arzt und Christ" Nr. 2–3, 1970, S. 108.

„Es ist im höchsten Maße verantwortungslos, Kinder sexuell zu stimulieren. Die Anweisungen von Herrn Kentler sind ‚moderne Dienstanweisungen für Unterteufel'. Sie würden sich gut einfügen in das schon 1944 erschienene Buch von C. S. Lewis mit dem gleichen Titel. In diesem Buch werden mit scherzhaftem Tiefsinn Strategien zur Verderbnis des Menschen entwickelt. Da heißt es: ‚Die Methoden, den Geschlechtstrieb des Mannes zu neuem Verderben zu verwenden, sind nicht nur sehr erfolgreich (für Teufel), sondern auch höchst amüsant, und das dadurch bewirkte Elend ist von sehr dauerhafter und auserlesener Art."

Das Ziel der geschlechtlichen Erziehung kann unmöglich darin bestehen, daß Kinder praktische Kenntnisse über sexuelle Vorgänge erwerben. Eine solche, rein auf biologische und technische Information gerichtete Aufklärung kann – zum falschen Zeitpunkt und mit falschen Mitteln vorgenommen – durchaus tiefgreifend schaden, falsche Weichen stellen und die Persönlichkeitsentwicklung deformieren. Sie kann Sexualität blockieren, indem sie zur Unzeit stimuliert wurde. Das Ziel der geschlechtlichen Erziehung muß darin bestehen, daß der Mensch ein besseres Leibverständnis erwirbt und, ohne in eine gespannte Zwiespältigkeit zu seinem Leib zu verfallen, so aufwachsen kann, daß er am Ende der Jugendzeit seine Männlichkeit oder Weiblichkeit verantwortungsbewußt bejahen und tragen kann. Geschlechtserziehung ist ohne Vermittlung einer Sexualethik nicht nur fragwürdig, sondern des Menschen einfach unwürdig. Information um die Sexualität wäre unnötig, wenn sie lediglich zur Vermittlung sexueller Techniken führen sollte. Sexualität ist, wie bei den Tieren, ein Triebgeschehen, zu dessen Funktionieren es absolut keiner Aufklärung bedarf. Die Sonderrolle des Menschen besteht vielmehr darin, daß er nicht Triebwesen allein ist, sondern darüber hinaus auch Geistwesen, und daß ihm die schwere Aufgabe zufällt, seine Leiblichkeit mit seiner Geistigkeit zu verbinden. Wir wissen heute, achtzig Jahre nach den Entdeckungen Freuds, daß nicht nur die Verleugnungs der Sexualität, sondern auch die Verleugnung dieser ‚Geistträgerschaft' des Menschen zugunsten der Sexualität den Menschen seelisch krank machen kann. Geschlechtserziehung heißt, die Leiblichkeit und Geistigkeit des Menschen nicht wie zwei feindliche Brüder behandeln zu lernen, sondern die ursprüngliche Harmonie zwischen Natur und Geist herzustellen und ihnen zu einer gesunden Einheit im Menschen zu verhelfen. Daß es in den ersten Lebensjahren dabei zunächst dringend erforderlich ist, der natürlichen Neugier des Kindes zu einer Entspannung zu verhelfen, kann lediglich den Sinn haben zu verhindern, daß der sexuelle Antrieb verfrüht durch die exentrische Tabuierung dieses Bereiches in ein übersteigertes Suchverhalten gerät, da das eine harmonische Gesamtentwicklung stört und behindert.

Wichtiger als alle Belehrungen ist das dem Reifegrad des Kindes angemessene Verhalten der Erzieher. Kinder können um so gesünder in ihr Weib- oder Mannsein hineinwachsen, je mehr sie Vorbilder haben, die mit überlegener Gelassenheit reife Erwachsene sind. Jede übertriebene Betonung, Zur-Schau-Stellung und thematische Fixierung an Gesprächsinhalte mit sexuellen Nuancierungen kennzeichnen gerade nicht den reifen Erwachsenen, sondern deuten auf sexuellen Infantilismus hin. Kinder, die in einer solchen sexualisierten Elternhaus- oder Kindergartenatmosphäre aufwachsen müssen, gelingt eine Harmonisierung später schwerer! Manche werden mit negativen Valenzen gegen Sexuelles überflutet – andere zu suchtartigen Abartigkeiten stimuliert, die ein ganzes Leben färben und vergiften können.

Es ist dringend an der Zeit, sich zur Wehr zu setzen gegen eine brutale Manipulation der Kinder durch Praktiken, die ihnen nicht angemessen sind, sich zu wehren dagegen, daß laienhaft emanzipierende Methoden Eingang finden in die Kindergarten- und Schulpädagogik.

Es liegt genug Erfahrungswissen vor, das es uns möglich macht, Kinder behutsam so zu leiten, daß sie weder prüde leibfeindlich noch sexuell abartig werden, sondern in der Beachtung dessen, was für sie in den einzelnen Reifestufen angemessen ist, ihnen den Weg in ein gesundes, reifes und glückliches Erwachsenen-Dasein zu ermöglichen."

Aus einem Vortrag, gehalten auf einer Gemeinschaftsveranstaltung des Deutschen Ärztinnenbundes und des Deutschen Akademikerinnenbundes in Hannover am 3. 2. 1971; erstmals publiziert als Vorabdruck dieser Gesellschaft.

„Täglich werden durch unsere falschen Vorstellungen Seelenkrüppel dieser Art gezüchtet. Sie alle brauchen später einen Engel, einen Menschen, der durch sein Wissen und seinen Glauben bereit ist, ihm zum Heil zu verhelfen. Woher sollen wir in Zukunft all diese Engel nehmen?"

Aus einem Vortrag, gehalten vor einem evangelischen Arbeitskreis in Hannover 1969; erstmals publiziert in dem Buch: Manipulierte Maßlosigkeit, Herder, Freiburg 1971, S. 127.

„Nimmt man den Frauen eine ihrer letzten Bastionen der Pflege ihres Gefühls in der ungestörten Mutterschaft, so werden Schillers Hyänen, die mit Entsetzen Scherz treiben, bald nicht mehr legendär sein."

Aus einem Vortrag, gehalten vor einem evangelischen Arbeitskreis in Hannover 1969; erstmals publiziert in dem Buch: Manipulierte Maßlosigkeit, Herder, Freiburg 1971, S. 138.

„Ein Räuber wird nicht plötzlich zum Exhibitionisten, sondern er bleibt in starrer Zwangsläufigkeit bei immer ähnlichen Straftaten; ein Hochstapler wird nicht plötzlich zum sadistischen Mörder, er hakt, wie eine Grammophonnadel in der gleichen schadhaften Rille, immer im gleichen Metier. Das Lebensproblem dieser ‚Seelenkrüppel' besteht darin, daß der immer gleiche, der an der Wurzel beschädigte Antrieb dranghafte Eruptionen hervorruft. Dieser Umstand macht es uns Praktikern sogar möglich, Prognosen zu stellen über das spätere Lebensschicksal von Menschen, deren Antriebe in der Kindheit zu einer solchen Fehlentwicklung gebracht werden ...

Jede Zeit hat in dieser Hinsicht spezielle Gefahren der Entartung gehabt. Verteufelung der Sinnenfreude im Mittelalter hatte ihr exzessives Überborden im Barock zur Folge; Vergewaltigung der Natur durch Technisierung macht sie zur Widersacherin des Lebens (die Luft- und Wasserverschmutzung ist dabei nur ein einzelnes, besonders sichtbares Beispiel). Geschehen kollektiv solche Fehlentwicklungen, schießt das ‚Böse' pilzartig hervor und macht es nötig, in unvermeidlicher Einseitigkeit zum Kampf gegen das Überhandnehmen der zerstörerischen Kräfte anzutreten. ... Das heißt, die Verselbständigung des Menschen macht es möglich, daß der zerstörerische Trieb zur Eigenmächtigkeit in ihm zur Wucherung gelangt, zu einer Selbstherrlichkeit, die den Menschen in die Gefahr bringt, sich so sehr an die Materie zu binden, daß er schließlich selbst in die Formlosigkeit zurücksinkt, daß er in die Gefahr gerät, dem Ersticken des Geistes durch die Materie zu verfallen ...

Wenn wir das verhindern wollen, wenn wir nicht in endgültiger Vernichtung enden sollen, gilt es zu durchschauen und zu unterscheiden, daß alles Tierische, alles Triebhafte im Grunde eine positive Funktion im Werdeprozeß der Schöpfung hat, daß es nur durch Abspaltung und Verabsolutierung zum Widersacher werden kann. Geschehen Entfaltungsbehinderungen der eben beschriebenen Art in zu vielen Menschen, so kann sich geradezu ein ‚böser' Zeitgeist manifestieren ...

Die Bewältigung der Natur durch die Technik kann uns nur zum Segen gereichen, wenn wir sie als Hilfe verwenden, um mehr Zeit, mehr Raum, mehr Freiheit zur Verwirklichung solcher Ziele zu haben. Dient uns die Technik allein dazu, es uns bequemer zu machen, so verfehlen wir ihre positive Hilfsmöglichkeit. Die psychotherapeutische Erfahrung lehrt, daß eine solche Fehleinstellung sich als grausame Sackgasse erweist. Sie schlägt mit einer furchtbaren Konsequenz: mit der Sinnentleerung des Daseins, mit gelangweiltem Überfluß, die Impulse zur Selbstvernichtung aktivieren. Nikotin-, Alkohol- und Rauschgiftmißbrauch können Symptome dieser ausweglosen Sackgassensituation sein. Die Neigung zu schleichenden Selbstzerstörungsformen wie auch die zum aktiven Selbstmord kann uns anzeigen, daß es dem Menschen nicht gelungen ist, sich in einer seinen Fähigkeiten und Möglichkeiten entsprechenden Weise in den Dienst aufbauender Kräfte zu stellen.

... Was in dieser Hinsicht zur Zeit geschieht, ist deshalb so atemberaubend teuflisch im oben beschriebenen Sinne, weil unsere kollektiv morbide Situation, die durch die Dämonisierung der Antriebe in vielen einzelnen unerkannt entstanden ist, mit Hilfe einer gezielt eingesetzten Strategie in den letzten vier Jahren (1967–71) mit rasantem Erfolg verschlechtert worden ist. Keine Nachdenklichkeit, kein scharfer Intellekt schützt vor der Verseuchung mit zerstörerischem Geist, weil die vernebelnde Strategie ihren Hebel nicht im Verstand, sondern in den unbewußten, ungepflegten Trieb- und Gefühlsbereichen ansetzt und ein fanatisches, unreflektiertes Überzeugtsein hervorruft ...

Kaum ein anderer Antriebsbereich ist in einer so die Lebenserfüllung beeinträchtigenden Weise verstörbar wie die Sexualität. Höchste Behutsamkeit auf diesem Sektor sollte deshalb oberstes Gebot sein – und dafür hatte man in früheren Zeiten, wie die Moralvorschriften und Gesetze beweisen, vermutlich unbewußt ein gutes Gespür. Jedenfalls sind die modernen Empfehlungen unserer Emanzipierer, die Kindlein fleißig in Sexualität einzuüben, damit sie später genug ‚Spaß' daran hätten, so bar allen Gefühls für die Führung des Menschen zu einem glücklichen, sinnerfüllten Leben, daß man vor diesen Methoden gar nicht genug warnen kann (siehe ‚Zur Sexualität befreit – zur Abartigkeit verführt' in meinem Buch ‚Manipulierte Maßlosigkeit'). Mit Recht wird in der Bundesrepublik Deutschland zum Beispiel die Pädophilie, die sexuelle Verführung von Kindern durch Erwachsene, unter Strafe gestellt, weil frühe Sexualisierung zur Sexualsucht, zur Sexualverdrängung oder gar zur Fixierung des kleinen Jungen an seinen männlichen Partner und damit zur Homosexualität führen kann, wie Fälle in der Praxis immer wieder deutlich machen. Die Mütter müssen heute dringend davor gewarnt werden, aus lauter Fortschrittlichkeit eine erotisierende Nacktkultur mit ihren kleinen Söhnen zu pflegen, weil sie sonst sexualisiert und durch das dann automatisch verstärkt wirksam werdende Inzesttabu in eine generalisierte Abneigung gegen alle weibliche Leiblichkeit gedrängt werden. So zum Beispiel wird man pädophil! Indem nämlich im Erwachsenenalter die generalisierte Angst vor dem übermächtigen, erotisch sich aufdrängenden, dem fesselnden und damit gefährlichen Weib zwingt, nach den ‚harmlosen' Kleinen oder Gleichgeschlechtlichen Ausschau zu halten. Ja, es läßt sich heute die wohlbegründete Prognose stellen, daß unter diesem schon mit viel Bemühtheit von den Müttern gehandhabten kollektiven Trend die Homosexualität unter Männern weiter enorm ansteigen wird – in einem Maße, wie es durch plötzliche explosive Ausbreitung einer abartigen genetischen Mutation auf dem Sektor Homosexualität gar nicht erklärbar sein könnte."

Aus dem Buch: Wunschtraum und Wirklichkeit, Verlag Herder, Freiburg 1972, S. 119. 122 ff.

„Nicht jeder Mensch ist zu jeder Weltanschauung manipulierbar. Wir nehmen nicht einfach unausgelesen an, was uns die Umwelt bietet, wir ahmen nicht unterschiedslos alles nach. Unser Stellungnehmen, unser Parteiergreifen ist eine Folge seelischer und geistiger Vorgänge in uns. Wir können uns aufgrund von Erfahrungen, Beobachtung und Überlegung so und nicht anders entscheiden – wir können nur allzu leicht objektiven Anlaß und subjektive Ursache verwechseln, wenn unsere innere Not zu drängend ist: Ideologien der Verneinung, der Zerstörung, des Hasses und des Protestes müssen um so mehr ein Gefühl flammender Übereinstimmung erzeugen, je mehr sich *erstmalig,* einmalig Hoffnung am Horizont zeigt: die Hoffnung, durch eine ‚Bewegung', durch einen Zusammenschluß aller, die ‚rechtlos' sind wie man selbst, der Gerechtigkeit zum Durchbruch zu verhelfen. Der Zusammenschluß mehrerer Kranker ist aber im höchsten Maße gefährlich: Wo das Dynamit regiert, beginnt das Chaos und nicht eine neue, eine bessere, eine konstruktive und menschlichere Zukunft! Kranker Geist kann nicht aufbauen, kranker Geist kann der Welt keine Lebenskräfte schenken, da es ihm gerade daran mangelt. Es wird immer kranken Geist in der Welt geben, aber es ist die Aufgabe derer, die diese Zusammenhänge durchschauen, dafür zu sorgen, daß es nicht zu einer Springflut der Verneinung, zu einer derartigen Zunahme psychisch Kranker kommt, daß das Feld von ihnen beherrscht wird. Der in der Tiefe seiner Seele Schutzlose hat ein intensives Bedürfnis, sich mit Gleichgesinnten zusammenzuschließen. Er fühlt sich allein, er fühlt sich schwach. In der Gruppe Bergung zu finden, ist eine folgerichtige Hoffnung. Obgleich psychisch Kranke dieser Art nicht echt gemeinschaftsfähig sind – dazu fehlt ihnen Einfühlungsvermögen und überschüssige Kraft für den anderen – rotten sie sich zusammen. Geradezu magisch werden Kranke, die von den gleichen Bedürfnissen gedrängt werden, voneinander angezogen, so daß, wenn einige sich zusammengeschlossen haben, sich der Geist der Zerstörung, der dumpfe Rachedurst potenziert. Aggressive Gemeinschaftstaten sind das Ergebnis. Denn solche Menschen empfinden sich dumpf mit Recht als Zerstörte und setzen in selbstmörderischer Wut dazu an, allen anderen das gleiche Schicksal zu bereiten. Es ist ihnen selbst gänzlich gleichgültig, daß sie sich dabei ins eigene Fleisch schneiden. In Besessenen dieser Art dominiert der Todestrieb. Sie haben kein Interesse daran zu überleben. Ihr Rachedurst und ihr Zerstörungswille beherrschen in dranghaftem Wahnsinn, in selbstmörderischem Totalitarismus das Feld.

Auch im Hinblick auf ein Agieren mit sozialen Reformen kommt es bei irreal Bedürftigen zu Mißbrauch und Übertreibung. *Jeder,* der heute mit wachem Verstand die Entwicklung in den sozialliberalen Staaten mit hohem Lebensstandard beobachtet, muß zu der Erkenntnis kommen, daß es im großen nicht anders ist als im kleinen, im Kollektiven nicht anders als im Individuellen: Wo der ‚Vater Staat' seinen Bürgern in einem Unmaß die Sorge um ihre Existenz abnimmt, wirkt er weniger wie ein Vater, sondern eher wie eine gefährlich verwöhnende Großmutter: Er unterbindet Initiative, macht lahm, träge und unglücklich-unzufrieden. Er bewirkt Schlampigkeit, Bequemlichkeit und gesundheitsschädigende Genußsucht. Realitätsgerechte Beobachtung müßte uns anhand dieser Entwicklung die Grenzen des Sozialismus, die Grenzen der Verwöhnung in bezug auf die Konkurrenzfähigkeit mit anderen Völkern deutlich werden lassen. Die Unfähigkeit, solche Einsichten zu haben, an der Realität zu lernen und hier und da Kursänderungen zu einem gesunden Maß zu entwickeln, läßt den Verdacht entstehen, daß mit ideologischer Besessenheit, statt mit Realitätssinn regiert wird! Das ist um so leichter möglich, als vielen Wählern heute ein solches Lernen an der Wirklichkeit des Mißerfolges durch eine ähnliche Bedürfnisspannung verwehrt ist. Sie sind geradezu von der fixen Idee besessen, daß die Gesellschaft für alles aufzukommen habe, daß sie das aber nicht tut und stattdessen blutsaugerisch ihre armen Kinder verkommen läßt. Der Projektionsmechanismus, der dahinter verborgen ist, heißt: Du böse Mutter, du böser Vater – ihr wart so egoistisch und dachtet nie an mich. Ich werde euch den Stuhl vor die Tür setzen und mir einen Versorger suchen, der meine säuglingshaften Bedürfnisse endlich erfüllt.

Den Hypersozialismus zum Gott ernennen die Menschen, die sich nach dem forderungslosen Säuglingsleben an der Brust einer ewigspendenden Mutter zurücksehnen, die sie unmäßig und viel zu langanhaltend bemutterte oder die ihnen – aus welchem Grunde auch immer – vom Schicksal verwehrt wurde. Und je weniger unsere Kinder mutter-satt werden, desto mehr wird in ihnen der Schrei nach der totalen Versorgung ohne Gegenleistung zum irrealen Fanal werden. Übertreibungen mit dem sozialistischen Gedanken in liberal-demokratischen Staaten bedeuten Selbstmord dieses Systems. Er muß durch die Eskalation der sozialen Maßnahmen, durch die steuerliche Überlastung der Fleißigen, die man dadurch entmutigt und einschränkt, in derartige wirtschaftliche Krisen geraten, daß er die sozialistische Diktatur, die den Menschen die Freiheit nimmt und in die Anspruchslosigkeit zwingt, heraufbeschwört. Dieser Weg zeichnet sich für uns bereits in dem Maße als der Weg der Zukunft ab, als viele Kinder durch Verwöhnung zu fettleibigen Schlaraffenlandschmarotzern fehlentwickelt werden. Verwöhnte Kinder lernen nicht das Knacken der Nüsse des Lebens. Bei aller Überhäufung mit Gaben werden sie dennoch nicht reich und kräftig, sondern fühlen sich arm und schwach. Denn man nimmt ihnen die Möglichkeit, Spaß am Sich-Durchboxen, Freude an der Überwindung von Schwierigkeiten, Interesse an der Herausforderung und durchhaltenden Arbeitslust zu entwickeln. Die Passivität der Verwöhnten wird von diesen aber nicht als Glück erlebt. Sie sind nicht etwa besonders genußfähig, sie werden nicht etwa zu Lebenskünstlern der gelassenen Freude – nein, sie werden zu Verdammten des Überdrusses, der Gleichgültigkeit und der Langeweile; sie werden zu unruhigen Kuckucksvögeln, die nach Sofortbefriedigung durch jene Instanz heischen, die sie in ihrem Erwachsenenleben an die Stelle der persönlichen Bezugsperson setzen: ihren selbstgewählten ‚sozial-liberalen' Staat. Je mehr Menschen eine Haltung dieser Art erwerben, je mehr Wähler es gibt, die durch Versprechungen ohne Gegenleistung in ihrer Wahlentscheidung bestimmt werden, desto weniger kann eine ‚sozial-liberale' Regierung sinnvolle Kurskorrektur vollziehen. Das friedliche Täubchen, der ‚liberale Sozialismus', klebt so lange auf diesem Leim, bis die Katz', der imperialistische und diktatorische Sozialismus, es holt."

Aus dem Buch: Kinderschicksal in unserer Hand, Verlag Herder, Freiburg 1974, S. 31.

„Wenn ich als Psychologin meine Seele an den Teufel verkauft hätte, so würde ich ihm all das angeraten haben, was in den letzten Jahren bei uns geschehen ist:

1. Nimm den Menschen den Geist der Frau, verderbe ihr so gründlich wie möglich die Lust am Muttersein. Ohne Mutter kann man nicht lieben. Wo Lieblosigkeit ist, kehrt der Haß ein.
2. Mache den Menschen ungeduldig und reizbar, indem Du ihnen ihr ‚Recht auf Lust' einbläst, mache sie voll unerfüllbarer Erwartungen und setze damit permanent Streit unter

die, die miteinander leben (so zerrüttest Du die Ehen und Familien, die Kernzellen künftigen Lebens).

3. Gib allen viel Geld und viel Freizeit und sage ihnen gleichzeitig, daß sie nur an sich selbst denken sollen und daß schrankenlose Freiheit ein erstrebenswertes Lebensziel sei. So schürst Du Suchtneigungen aller Art.
4. Aktiviere den Neid, erwecke Mißtrauen gegen alle, die mehr haben oder mehr sind. (Besonders mit Hilfe tendenziöser Filme läßt sich das rasch bewirken.)
5. Mache sie glauben, daß sich das Bedürfnis nach Gerechtigkeit dadurch befriedigen läßt, daß alle gleich sind und alle das gleiche haben. Mache gleich: die Frau mit dem Mann, das Kind mit dem Erwachsenen, den nicht theoretisch Begabten mit dem Intellektuellen, den Armen mit dem Reichen, den geistig Behinderten mit dem geistig Hochbegabten. Verstopfe allen durch Chancengleichheit jede Chance und werde ihnen allen auf diese Weise so wenig gerecht, bis alle durch Fehllenkungen vor Unzufriedenheit immer aggressiver werden.
6. Mache die Menschen glauben, daß sie mit ihrer ‚Vernunft' allein das Leben bewältigen könnten und daß es unnötig ist, irgend etwas zu fürchten und zu verehren – weder Eltern, Lehrer, Kulturträger, Staatsmänner noch Gott. Vermiese alle Vorbilder und lehre die Jugend, daß man allein klug genug ist, zu wissen, was einem gut tut.
7. Bringe ihnen bei, daß das Neue das Richtige ist und daß das Alte grundsätzlich nichts taugt.
8. Zerspalte das Volk in zwei feindliche Lager, indem Du die Verblendeten kräftig gegen die aufhetzt, die die Gefahr der Selbstüberschätzung zu sehen beginnen. Mache sie lächerlich, diffamiere sie, bring sie um.
9. Nötige die Verteidiger einer konstruktiven Weltsicht zum Aufgeben ihrer humanitären Haltung, die sich an sittlichen Postultaten wie Menschenwürde, Toleranz, Verständnis und Vergebungsbereitschaft orientieren. Zwinge sie mit Hilfe von anarchistischen Gewalttaten und Gefährdungen der Ordnung zu kontrollierenden Maßnahmen, die sich mit

machtanmaßenden, diktatorischen Maßnahmen verwechseln lassen und die Angst vor dem ‚Polizeistaat' aktivieren, so daß dann das Journalistenvolk, in seinem Heiligsten verwundet, nämlich der Freiheit des einzelnen, aufschreit im Feldzug gegen den ‚Unrechtsstaat'. Setze die Ordnungsschützer auf diese Weise ins Unrecht – so lange, bis der direkte Bürgerkrieg entfacht ist; dann hast Du ein leichtes Spiel, die Macht der Finsternis triumphieren zu lassen.

Weil mir dieser strategische Plan das Feld zu beherrschen scheint, glaube ich, daß Rettung auch nicht mehr dadurch allein möglich ist, daß unsere Regierung ruckartig mit einem großen Vorbeugungsprogramm beginnt, sondern daß wir nur neue Hoffnung gewinnen können, wenn wir bis in die Tiefe unserer Seele hinein erkennen, daß wir hier nicht eine kleine Schwierigkeit, etwas mehr Aggressivität mit ein paar Terroristen vor uns haben, auch nicht mit dem Geistkampf von Progressiven und Konservativen, daß es letztlich nicht einmal um den Kampf imperialistischer Gelüste von Marxisten oder Kapitalisten, sondern daß es um Sein oder Nichtsein der Schöpfung auf dieser Erde geht. Möchten das nur alle in der Welt sehen, die von der Existenz von Schöpfungswerk, Geschöpf Mensch und Schöpfer Gott überzeugt sind, damit wir uns zusammenfinden gegen den altbösen Feind, damit wir mit Paulus erkennen: Es sind nicht ein paar verblendete, verführte, in ihrer Seele tragisch verstörte und verstümmelte Menschen, denen unser Kampf zu gelten hat, im Gegenteil: ihnen sollte unser Mitleiden, unsere Bitten um Erbarmen gelten. Nein, hier geht es um die Macht des Bösen, das Tier aus dem Abgrund, den Geist der Vernichtung. Das Zukunftsschicksal der Erde wird davon abhängen, ob genug Hellsichtige auf dem Posten stehen, ob genug Menschen begreifen, daß wir uns nur noch zu entscheiden haben zwischen dem Licht und der Finsternis, zwischen Leben und Tod."

Aus einem Vortrag, gehalten vor dem Evangelischen Arbeitskreis Recklinghausen 1974.

CHRISTA MEVES

Rückschau 1981

I. Bestandsaufnahme

Wir hoffen, daß selbst dem Unkundigen anhand des vorstehenden Zitatenbündels prognostischer Aussagen deutlich geworden ist: Die Fehlentwicklung der jungen Generation war gewissermaßen vorprogrammiert. Im Grunde ist nicht das erstaunlich, was an organisierter demonstrierender mehr oder weniger gewalttätiger Unzufriedenheit zur Zeit sichtbar wird, sondern erstaunlich ist lediglich, daß es trotz der so vielfältigen Einwirkung massiv negativer Einflüsse, trotz des bereits sehr stark wirksamen Sogs zum Mitlaufen im lauten Trend der Aussteiger noch eine erhebliche Zahl von Menschen gibt, die um ein realistisches Engagement, um eine wirklichkeitsgerechte Gestaltung ihres eigenen Lebens bemüht sind. Tapferer Widerstand gegen die schädigenden Teilbereiche unseres Zeitgeistes ist der Boden, auf dem viele dieser hoffnungsvollen, seelischgesunden jungen Menschen in ihren Familien aufgewachsen sind. Mehr bewußte, realitätsgerechte Resistance zu erwirken, ist infolgedessen die Intention des folgenden Kapitels; denn konstruktiver, einfallsreicher Widerstand gegen die zerstörerischen Elemente in unserem Zeitgeist ist die einzige Chance, die uns für die Zukunft bleibt. Damit er stärker wird, ist eine klare Unterscheidung darüber, was im Entfaltungsprozeß des Menschen notwendig, was hinderlich ist, unumgänglich. Die Not und Gefährdung unserer derzeitigen Situation kann nur behoben werden, wenn wir die verdrängten gesellschaftspolitischen Probleme ins Auge fassen und ihrer Bewältigung die Priorität zubilligen, die ihnen zukommt.

In der Zitatensammlung kommt andeutungsweise bereits zum Ausdruck, was hier viel zu lange unbeachtet oder per Verdrängung unbekannt blieb:

1. Die realitätsgerechte Einsicht in die Begrenztheit der Möglichkeiten des Menschen, Einsicht in die Notwendigkeit der Begrenzung des willkürlich Mach- und Veränderbaren,
2. die realitätsgerechte Einsicht in die charakterliche Schwäche, ja seelische Verletzbarkeit des Menschen und sein existentielles Ausgesetztsein auf dem windigen Stern Erde,
3. die daraus resultierende Einsicht, daß unser durch die technischen Errungenschaften und den Wohlstand extrem künstlich gewordenes Leben einer konstruktiven Skepsis und nachdenklicher Bedachtsamkeit bedarf,
4. daß die Frauen bei der Bewältigung der neu entstandenen Probleme ihre Begabung für Maß und Grenze einzubringen haben, was aber
5. eine Bewältigung der nur stümperhaft und unzureichend angegangenen, immer wieder verdrängten *Frauenfrage* dringend nötig macht,
6. die Einsicht in die Notwendigkeit einer gemeinsamen Verantwortung aller Wachgewordenen und die Bemühung darum, daß – jeder an seinem Platz – eine konstruktive Mitarbeit am Gemeinwohl und an der Zukunft vollzieht, mit dem bewußten Verzicht auf egoistische Machtausübung und neidische Egalitätsansprüche. Und daraus resultierend
7. die Bemühung um einen lebensbejahenden, konstruktiv mitverantwortlichen Geist als Priorität bei der Pflege und Erziehung der jungen Generation im Elternhaus, in der Schule, im kirchlichen Unterricht und in den Ausbildungsinstitutionen,
8. die verantwortungsbewußte Bemühung um Eliminierung der schädlichen, zersetzenden, negativistischen, lebensfeindlichen Elemente im Umfeld der Kinder und Jugendlichen.

Die derzeitige Situation im Bereich der Pflege und Erziehung der jungen Generation ist – seit 25 Jahren in zunehmendem Maße und jetzt bereits mit lawinenartiger Beschleunigung – auf Fehlentwicklung geradezu abonniert und zwar dadurch,

1. daß lebensnotwendige, vitale Grundbedürfnisse der Kleinkinder im künstlich gewordenen Leben unreflektiert und

grenzübergreifend vernachlässigt wurden, wodurch die Seelenkrankheiten Ungeborgenheit, neurotische Verwahrlosung und neurotische Depression eine epidemische Ausbreitung in der jungen Generation erfuhren,

2. dadurch, daß durch die Wohlstandsverwöhnung das Bewußtsein für die existentielle Gefährdung des Menschen verloren ging, so daß Riesenansprüche und Riesenerwartungen an die Stelle realitätsgerechter Bescheidenheit traten,
3. dadurch, daß ein laufenlassender, ein sogenannter antiautoritärer Erziehungsstil, den Sinn für die Notwendigkeit von Hierarchie, von Autorität im Sinne von liebevoll-verantwortungsbewußter Schutzpflicht verloren ging, so daß überhebliche Anmaßung zum charakteristischen Verhalten vieler Jugendlicher werden konnte,
4. dadurch, daß eine verfrühte Intellektualisierung und Sexualisierung eine zusätzliche Neurotisierung im Sinne von Realitätsferne, angstverdrängter Unruhe und Bindungsschwäche hervorrief,
5. dadurch, daß mit Hilfe des geistigen Klimas indoktrinierender, linker Verweigerungsstrategien Unlust, Unruhe, Unzufriedenheit und Neid aufgereizt, die scheinbar berechtigte Aggression kanalisiert und zielgerecht auf ein Feindbild: die böse kapitalistische westliche Gesellschaft, projiziert wurde.

Inwiefern eine solche Potenzierung negativer Faktoren seelischen Ruin vieler junger Menschen geradezu zwangsläufig, ja gesetzmäßig hervorzurufen vermag, soll nun zunächst noch einmal durch eine Fallschilderung und danach in systematischer Zusammenfassung dargestellt werden.

II. Der Fall Isabell

Im Schicksal der 24jährigen Isabell fehlt praktisch keine der vornehmlich schädigenden Einflüsse der eben beschriebenen Art, so daß sie heute gänzlich arbeitsunfähig und nach mehreren Abbrüchen von Ausbildungsversuchen, nach mehreren Klinikaufenthalten als sogenannter ‚borderline Fall‘ eingestuft, permanent behandlungsbedürftig ist. Dieses Mädchen wurde als Tochter eines Juristenehepaares 1957 geboren. Der Vater des Mädchens war spät erst aus dem Elend langjähriger russischer Kriegsgefangenschaft ins bereits wohlstandserstarkende Restdeutschland zurückgekehrt, und war mit seiner Einfindung in ein sich mehr und mehr technisierendes Bürgerleben, mit der Schaffung einer Existenz als Rechtsanwalt reichlich ausgelastet. Die Mutter, eine ehemalige Kommilitonin des Vaters, hatte den Heimkehrer erst einmal unter die Fittische genommen, freilich ohne ihre berufliche Karriere als Amtsgerichtsrätin aufgeben zu wollen. Das Kind freilich behinderte die Lebensplanung der Frau, gab den Anlaß zur eigentlich nicht gewollten Eheschließung. Es blieb deshalb nur ein lästiges Anhängsel einer hauptsächlich um ihre ‚Selbstverwirklichung' besorgten Frau. Die kleine Isabell wurde infolgedessen nicht gestillt, am Morgen in der Tragetasche zu einer ‚Tagesmutter' befördert und oft – nach langen Prozeßtagen – erst am späten Abend wieder heimgeholt. Eine eigentliche Beziehung zur Mutter bildete sich gar nicht erst aus, viel eher zum Vater, der mehr noch zu Hause anwesend war und sie gelegentlich stoßartig mit seiner das Kind abschleckenden Zärtlichkeit überhäufte. Die Ehe der Eltern wurde rasch dramatisch schlecht; im Kleinkindalter wurde das Kind häufig des Nachts durch die handgreiflichen Streitigkeiten seiner Eltern geweckt, denen es dann angstverstört beiwohnte. Als das Mädchen fünf Jahre alt war, verlor es seine Heimat, seinen Vater, die beiden Ersatzmütter und deren Familien, zu denen es wechselseitig gebracht worden war: Die Eltern ließen sich scheiden, und die Mutter zog mit dem Kind in eine ferne Großstadt, wo es erst in eine Tagesschule mit anonymem Massenbetrieb und vom zehnten Lebensjahr in ein Internat abgeschoben wurde. Bis zum Alter von 16 Jahren wurden diese Institutionen dreimal gewechselt, weil Isabell sich zunehmend unangepaßt verhielt, die Schule schwänzte, gelegentlich auch fortlief, in ihrem Zimmer eine wilde Unordnung verbreitete, sich mit Haschkonsumenten zusammentat und Mitschüler aufwiegelte. Im Alter von 17 Jahren lief sie ihrem Vater zu, an den sie sich bisher lediglich gewandt hatte, wenn sie Geld brauchte. Dieser hatte sich wieder verheiratet und eine neue Familie gegründet. Isabell hatte bis dahin den Kontakt zu ihm absichtlich vernachlässigt, vor allem, weil sie diese Heirat als einen Verrat an sich selbst, an der doch so zärtlich umschmeichelten ‚kleinen Frau' erlebte – sie hatte den Vater in der Internatszeit lediglich mit einer rachsüchtigen Kaltschnäuzigkeit als Geldgeber ausgenutzt.

Die Stiefmutter nahm ‚das arme Kind' zunächst gutwillig und mitleidig auf, es wurde in eine zehnte Klasse der norddeutschen Großstadt eingeschult – aber schon bald erwies sich Isabell als untragbar für die Familie. Sie fühlte sich fortlaufend in übertriebener Empfindlichkeit zurückgesetzt und lief meist schmollend beleidigt, oft auch pampig aggressiv herum, sie machte keinerlei Ansätze zu einer Mitarbeit im Haushalt, auch nicht zur gelegentlich von den Eltern erhofften Beschäftigung oder gar Beaufsichtigung der vier jüngeren Halbgeschwister. Im Gegenteil – oft blieb Isabell ganze Nächte fort, sie rauchte wie ein Schlot, kam auch gelegentlich leicht angetrunken nach Hause, fühlte sich zu zweifelhaften Freunden hingezogen. Seufzend stellte die Stiefmutter fest, daß ihr keines ihrer eigenen Kinder, nicht einmal im Kleinkindalter so viel Arbeit, so viel Nachräumen, Nachdenken und Bereinigenmüssen aufgenötigt hatte wie diese Stieftochter im jungen Erwachsenenalter. Nach dramatischem Bruch von diesen Eltern wurde Isabell in einer Familie untergebracht, die eher kommuneähnlich einen mehr als legeren Lebensstil führte. In dieser Zeit wurde das Mädchen sowohl durch den Einfluß ihrer Pflegemutter als auch ihrer maßgeblichen Lehrer in der Schule zu einer leidenschaftlichen Neomarxistin. Sie bestand – wohl auch, weil sie damit bei ihren Lehrern „richtig lag" – mit 21 Jahren sogar einigermaßen ansehnlich das Abitur und beschloß, in einer marxistischen Hochburg des so umfunktionierten abendländischen Geistes Psychologie zu studieren. Sie fand als Unterkunft eine Kommune, in der es zum provokanten Lebensstil gehörte, sexuell promiskuitiv miteinander umzugehen. Isabell hatte in dieser Hinsicht auch keinerlei Bedenken. Ihre ersten sexuellen Kontakte hatte sie bereits mit Mitschülern im Internat gehabt. Sowohl ihre Mutter wie auch Vater und Stiefmutter hatten einen offenen Stil im Hinblick auf ihr Sexualleben dem Mädchen quasi vorgelebt; bereits die Mutter hatte sie dazu angeleitet, regelmäßig die Pille zu nehmen. Schwierig wurde es erst in der Kommune, als sich einer der jungen Männer sehr viel exklusiver mit ihr beschäftigte und sie sich in ihn verliebte. Dieser nicht mehr allzu jugendliche, 30jährige Student überredete Isabell zunächst zu Diebstählen in Kaufhäusern. Er hatte dabei leichtes Spiel: Denn erstens war sie ihm sexuell hörig und zweitens glaubte sie ohnehin, daß die Materialien der Kaufhäuser eigentlich Eigentum des Proletariats seien, dem sie sich unbedenklich zurechnete. Nach diesen Aktionen spielte sie – zunächst ohne zu wissen, was sie tat – über rote Buchhandlungen in Westberlin den Kurier für ‚Freunde in der DDR', bis sie durch ein belauschtes Gespräch ihres Freundes mit einem anderen heraushörte, daß es sich dabei um konspiratives Material handelte. Die Sprache kam auch auf sie, und ihr Geliebter äußerte zynisch: „Die habe ich fest im Griff – auch durch die vielen Diebstähle." „Und wenn sie dennoch aufmuckt?" fragte der andere. „Dann wird sie genauso wie die anderen, die nicht standhielten, einen kleinen tödlichen Unfall haben", war die Antwort.

Isabell nahm ihren Campingbeutel und floh – mit einem Schlage desillusioniert. Ein Selbstmordversuch scheiterte. Plötzlich war Isabell unauffindbar. Erst nach Monaten wurde sie in einem panisch ‚paranoiden' Zustand in einer ausländischen psychiatrischen Klinik von den Eltern wieder entdeckt, entsprang abermals, wurde in Deutschland von der Polizei aufgegriffen, als sie vor einem Polizeiauto schreiend die Flucht ergriffen hatte, wurde kataton in eine Klinik eingeliefert, die sie mir nach massiver Dämpfung der sie jagenden Angst zur Nachbehandlung überstellte. Dabei ergab sich bald, daß die Angst zwar neurotisch überformt, im Grunde aber reale Furcht vor der Verfolgung ihrer Kumpel war, die sie so psychosenah hatte werden lassen. Es bleibt zu hoffen, daß dem Mädchen zu helfen sein wird – aber es wird sicher eine jahre- wenn nicht jahrzehntelange intensive Begleitung notwendig sein. Jedenfalls ist es nicht absehbar, wann und ob überhaupt aus dem ‚Sozialfall' noch einmal eine sich selbst und andere miterhaltende Stütze der Gesellschaft werden kann. Isabell ist die Konkretion einer Fehlentwicklung, wie sie durch ein zu weitgehendes Abweichen von den lebensnotwendigen Entfaltungsbedingungen fast gesetzmäßig eintritt. Das soll im folgenden Kapitel systematisch dargestellt werden.

III. Grundvoraussetzungen seelisch gesunder Entfaltung und die Gefahren der Abweichung

a) Urvertrauen, Arbeits- und Bindungsfähigkeit oder Unbehaustheit, Arbeitsunlust, Bindungsunfähigkeit, Depression und Verwahrlosung

Der seelische gesunde Lebensaufbau des Menschen läßt sich – will man die Prioritäten anschaulich zur Darstellung bringen – mit der Gestalt einer stabil konstruierten Pyramide (s. Abb. I) vergleichen: Die Basis, das Säuglingsalter ist von allergrößter Bedeutsamkeit. Veränderungsmöglichkeit des natürlichen Konzepts der ‚Brutpflege' hat der Mensch für dieses Lebensalter nur in scheinbarer Freiheit – so hat ethnologische Forschung erwiesen. Die ungeschützte Erlebnisfähigkeit des hilflos geborenen Menschen, seine zunächst noch vollständig unbewußt nach biologischen Gesetzen ablaufenden Handlungsvollzüge schränken die Plastizität der Pflegemöglichkeiten ein. Um später ungeängstigt zufrieden zu werden, sind der Säugling und das Kleinkind darauf angewiesen, daß das Pflegekonzept nicht zu weit von den natürlichen biologischen ‚Vorschriften' der ‚Brutpflege', die der Art Mensch vorgegeben sind, abweicht. Im Grundsätzlichen heißen sie: Satt werden durch Saugen, umsorgt werden von einer konstant bleibenden Pflegeperson, wobei die Mutter (nicht der Vater oder eine beliebig andere Person) durch die zum Teil hormonelle Vorbereitung auf die Pflege des Kindes während der Schwangerschaft natürlicherweise die optimalen Voraussetzungen dafür mitbringt, daß die natürlichen Pflegebedingungen realiter erfüllt werden können.

Abb. I: Pyramide über den gesunden Lebensaufbau der Person.

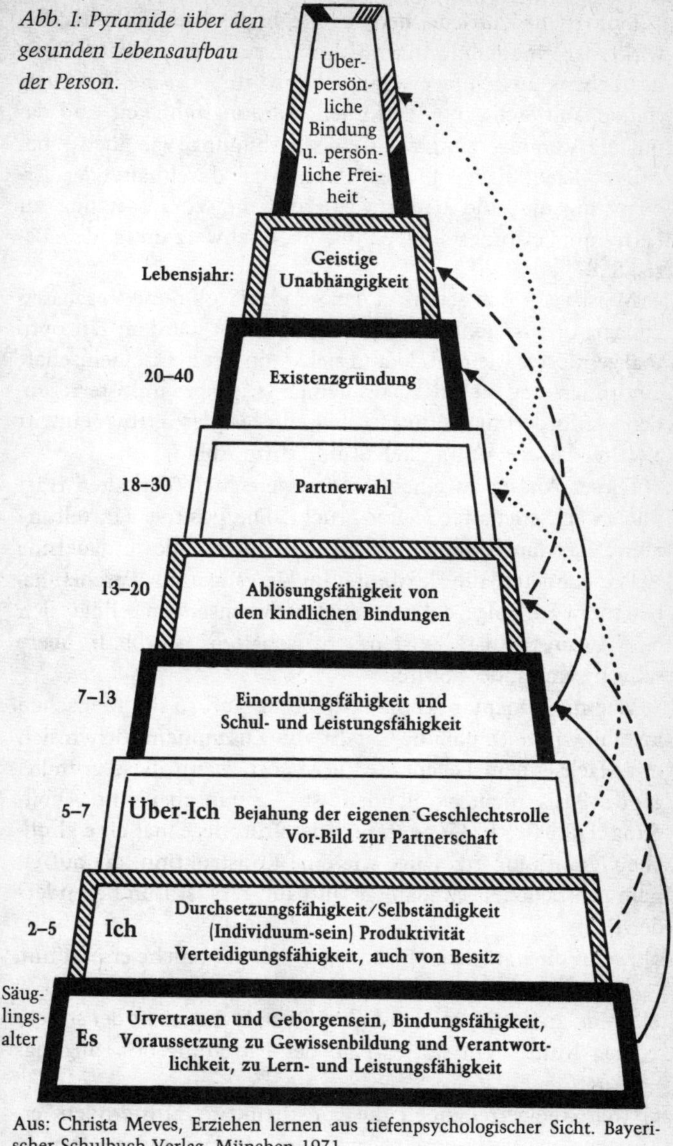

Aus: Christa Meves, Erziehen lernen aus tiefenpsychologischer Sicht. Bayerischer Schulbuch-Verlag, München 1971.

Biologische Zufriedenheit des Säuglings und Kleinkindes bewirkt, daß eine stabile, optimistische Grundstimmung als Basis des Lebens ausgebildet werden kann, und das heißt Urvertrauen und Sich-geborgen-fühlen, Bindungsfähigkeit und damit die Voraussetzung zur Gewissensbildung, wie auch – bei aktiver Saugtätigkeit – die Fähigkeit zu durchhaltender Arbeitsfähigkeit, und damit wiederum die Voraussetzung zu Lern- und Leistungsfähigkeit (s. Abb. I, schwarz umrandete Basis) S. 87.

Meist zeigt sich schon in der Schulzeit, ob diese Voraussetzungen in ausreichendem Maß geschaffen wurden: Ein optimal gepflegtes Kleinkind kann sich dann in eine Gemeinschaft einordnen und sich dazu bequemen, auch bei unlusterregenden Anforderungen durchzuhalten, bis der Erfolg eintritt (zweite schwarz umrandete Stufe, Mitte Abb. I).

Dieser Ansatz zu einem realitätsgerechten Verhalten trägt im Erwachsenenalter weiter Frucht: Die positive Einstellung zum Leben (auch wenn es unangenehm wird), die ausdauernde Arbeitsfähigkeit, die Flexibilität im Umgang mit Menschen haben meist zur Folge, daß es dem Heranwachsenden gelingt, sich eine eigenständige Existenz zu schaffen (s. Abb. I, obere schwarz umrandete Stufe).

Wie fundamental der gesamte Lebensaufbau des Menschen instabil wird – so daß die Gefahr von Zusammenbrüchen sich mit wachsendem Lebensalter vermehrt, wenn diese grundlegende Basis nicht vorhanden ist – veranschaulicht Abbildung II: S. 90/91.: Unangemessene ‚Brutpflege' hat eine ähnliche Gefährdung zur Folge wie eine Konstruktion, die auf einem gebrochenen Fundament aufbaut. Das ist nun besonders der Fall,

a) wenn die natürliche Nahrung durch künstliche ersetzt und künstlich übermittelt wird;
b) wenn an die Stelle natürlicher Dauerbereitschaft der stillenden Mutter ein starrer Plan der Betreuung des Säuglings tritt;
c) wenn die betreuenden, die Künstlichkeit einfütternden Personen häufig wechseln bzw. durch immer andere, fremde

Personen ersetzt und abgewechselt werden, wenn womöglich dann auch noch mehrmaliger Umgebungswechsel eintritt.

Unangemessenheit dieser Art kann zur Folge haben, daß zwei vitale Antriebe, der Nahrungstrieb und der Bindungstrieb, gehemmt werden, so daß das Bedürfnis, zuzugreifen und sich zu binden unter Angst verdrängt wird. Das aber ist der entscheidende Vorgang bei der Entstehung zweier Kernneurosen, die das spätere Leben der in dieser Weise behinderten Kinder fundamental zu stören in der Lage sind: die neurotische Depression und die neurotische Schizoidie (Abb. II, linker oberer Kasten, schwarz umrandetes Feld.) Zunächst zeigt sich die Gehemmtheit freilich nur in einer Kurzatmigkeit in der Initiative, hinter der eine mutlose Resignation steht oder – was nur gelegentlich oder auch als Haltung in Erscheinung tritt – eine unbezwingbare Gier (Schwarz umrandete Kästen an der Basis). Je nachdem, ob die Resignation oder die Gier stärker sichtbar ist, verhält sich das Kind bereits in der Schule so, daß seine Leistungsfähigkeit dadurch manchmal bereits Einbußen erleidet: Entweder ist es passiver, macht also seine Schularbeiten unzuverlässiger, und/oder es ist durch eine gespannte, übergreifende Unruhe gekennzeichnet, durch eine unkonzentrierte Aktivität, die das Leistungsvermögen ebenfalls einschränkt (Abb. II, schwarze Kästen links und rechts im 4. Feld von unten). Dominiert dann im Jugendalter mehr die Stimmung des ungesättigten Seelenhungers, so werden oft süchtige Verhaltensweisen ausgebildet: Nikotinsucht, Alkoholsucht, klammernde Kontaktsucht, Naschsucht, Freßsucht bis zu Eigentumsdelikten, zum unruhigen Vagabundentum, bis zum ‚Aussteigen', zum Suchen nach ‚alternativen' Lebensformen, die aber meist rasch an der Unfähigkeit, Gemeinschaft zu bilden und konstant bei einer Sache zu bleiben, scheitern (Abb. II, schwarzes Drittel, oberer Kasten). Dieses sind die Kennzeichen der heute am häufigsten in Erscheinung tretenden seelischen Erkrankung, der neurotischen Verwahrlosung, deren Symptome auf S. 65 zusammengefaßt dargestellt sind, durch die auch Isabell gekennzeichnet ist.

Abb. II: Pyramide über den kranken Lebensaufbau der Person

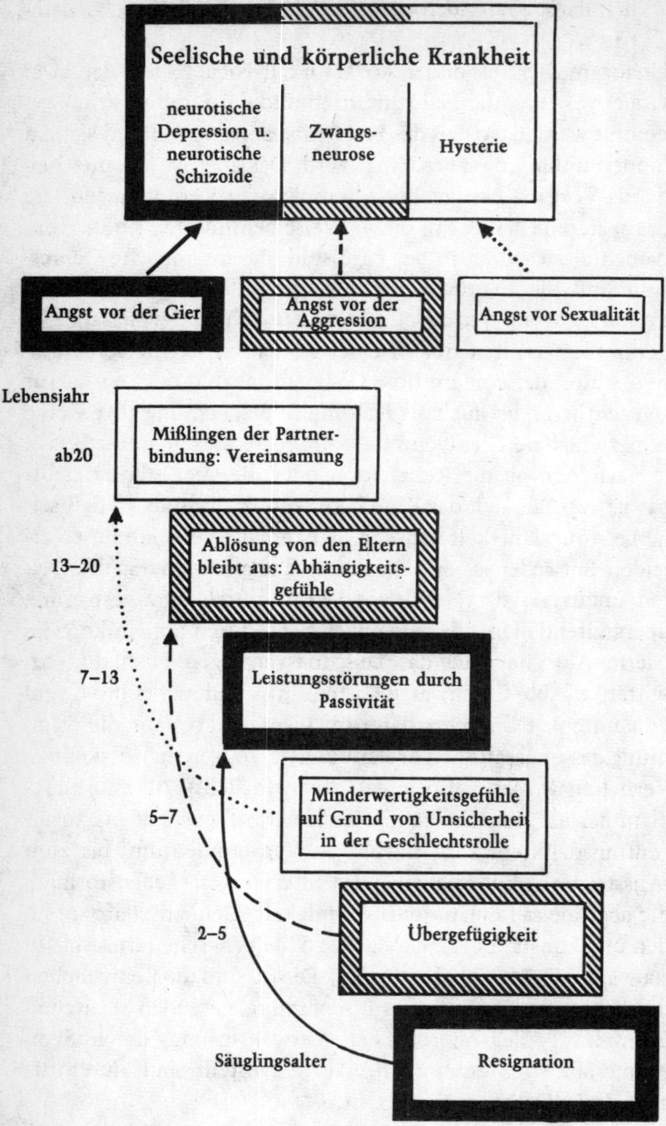

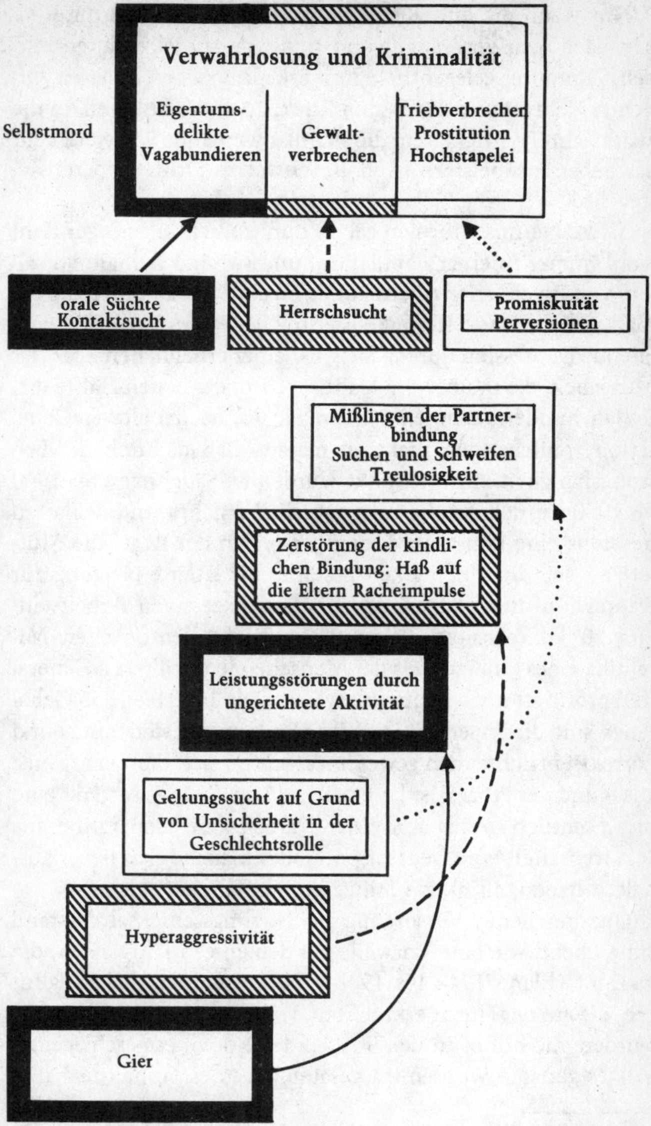

Aus: Christa Meves, Erziehen lernen aus tiefenpsychologischer Sicht. Bayerischer Schulbuch-Verlag, München 1971.

Nur wenn die durchbrechenden gierigen Impulse unter einer mächtigen Verdrängungsanstrengung zurückgehalten werden, kommt es gelegentlich zum Erkennbarwerden der eigentlichen Neurosenstruktur: zum Rückzug in die Isolation, in die apathische Traurigkeit, in die sichtbar werdende Schwierigkeit, das Leben zu meistern (Abb. II, schwarzes Drittel, oberer Kasten links).

Diese Neurosenformen gab es nun freilich in geringer Zahl wohl immer in einer Population, und sie sind deshalb vor allem von Psychoanalytikern gut erforscht[1]. Es gab durch die damals übliche starre Reglementierung der Fütterungsweise eine latende Depression durchgängig bei einer erheblichen Zahl der Menschen, die in unserem Kulturkreis in der ersten Hälfte dieses Jahrhunderts geboren wurden. Sie war bei der älteren Generation freilich noch nicht so massiv, daß dadurch die Leistungsfähigkeit eingeschränkt wurde (die Säuglinge von 1900 bis 1950 wurden durchgängig natürlich ernährt, und sie hatten meistens eine konstante Bezugsperson, in der Regel die Mutter), so daß die Möglichkeit bestand, die latente Neigung zur Depression durch einen oft geradezu exzessiven Arbeitseinsatz zu kompensieren. Von dieser leicht neurotischen Mischung eines großen Teils der Menschen in der älteren Generation profitiert noch heute unser Staat: Die 1900 bis 1955 Geborenen sind die Superfleißigen, ihre Einkommensteuer brav und korrekt Entrichtenden gewesen. Wachsen sich diese Jahrgänge aus – und der Prozeß ist bereits in vollem Gang –, so gerät eine in wesentlich geringerem Maße arbeitsame Generation ins Schaffensalter, eine Generation, in der manche sich lieber aushalten ließen, als aktive Stütze der Gesellschaft zu sein.

Unzureichende Versorgung als Säuglingsschicksal entstand zunehmend wie eine Vorwelle bei denjenigen Jahrgängen, die in Deutschland 1944 bis 1948 geboren wurden, bei Säuglingen, die auf der Flucht erkrankten, von ihren Müttern getrennt wurden, die hilflos in den Strudel der Not eines geschlagenen Volkes gerissen wurden. Insgesamt waren es verhältnismäßig

---

[1] Aichhorn 1951, Bowlby 1952, Dührssen 1954, Schwidder 1959.

wenige, aber immerhin doch genug, um im Studentenalter 20 Jahre danach einen relativ kleinen, vorübergehenden Ausbruch gewalttätiger Aggression, eine emotionale Eruption nicht ungefährlichen Ausmaßes zu provozieren. Marcuse[2], der den Studenten die Revolution predigte, Willy Brandt, der so beflissen der Indoktrination mit Marxismus 1968 die Tore öffnete, hätten nicht so erfolgreich den Aufstand fördern können, wenn sie nicht gerade auf diejenige junge Generation getroffen wären, die das Mal des Mangels und der Not eines geschlagenen Volkes auf ihrer Stirn getragen hätten.

Dennoch setzte die Vorbereitung zu einer Neurotisierung *großen* Stils erst in der Mitte der fünfziger Jahre ein, als mit dem wachsenden Wohlstand, dem Fortschritt der Medizin im Hinblick auf die Ersatzpräparate der Muttermilch und der massiven Propagierung und Förderung weiblicher Berufstätigkeit nun nicht mehr nur die unverheirateten und älteren Mütter, sondern auch die Familienmütter mit kleinen Kindern berufstätig wurden, so daß generell eine Verkünstlichung des Kinderschicksals einsetzte, die über das biologisch vertretbare Maß bei immer mehr Kindern hinausging. Mutterferne *und* künstliche Ernährungsformen, dazu die Heimatlosigkeit häufig wechselnder Unterbringungen mußte die seelische Labilität der jungen Menschen enorm steigern und vermehren. Daß von 1970 ab die Schwierigkeiten zunehmend unbeherrschbarer werden würden, ließ sich eben deshalb für den Kundigen 1960 bereits unschwer errechnen. Dabei sind es natürlich keineswegs die Kinder der 30 Prozent Mütter, die acht Wochen nach der Geburt ihres Kindes wieder an einen außerhäuslichen Arbeitsplatz eilten allein, die hier Schaden nahmen, sondern viele Kinder erwarben ohne alle bewußte Sünde ihrer oft bemühten Mütter eine seelische Labilität: etwa weil die Mütter ein unruhiges, übertrieben geschäftiges, überflexibles Leben zu führen begannen, das der Wohlstand ermöglichte, oder daß Krankenhausaufenthalte nötig bzw. ärztlich empfohlen wurden. Oder daß bereits durch unangemessenes ignorantes Verhalten des

---

[2] Marcuse 1966, 1973.

Pflegepersonals auf den Wöchnerinnenstationen den Kindern auf dieser Erde ein so angsterzeugender Empfang bereitet wurde, daß sie davon das Gefühl von unruhiger Leere und Bedrohtheit als Grundstimmung ihrer Seele lebenslänglich zurückbehielten. Der SPIEGEL hat jüngst eine Gruppe von Schweizer Jugendlichen interviewt, die bei den Züricher Krawallen eine besonders aktive Rolle spielten. Als Hauptmotiv für ihre gewalttätigen Aggressionen gaben sie folgendes an: „Wir wehren uns gegen die Übergriffe der Polizei, die bereits dreinschlagen, sobald ein paar Jungen auf der Straße beieinanderstehen." „Wir haben uns schaurig verbunden gefühlt untereinander. Jeder von uns hat sich frei gefühlt vom Druck, der den ganzen Tag auf uns lastet."[3]

Der Druck, der ‚Frust', so wurde ihnen eingeredet, ist von der ‚Scheißbürgerwelt' hervorgerufen, im Grunde tragen sie ihn aber bereits als Prägung der Unzufriedenheit seit frühester Kindheit in ihrem Charakter – nicht von einer böse gewinnsüchtigen Gesellschaft hervorgerufen, sondern von einer zivilisierten Lebensform, die ihnen aus tragischer Ignoranz Unverträgliches zumutete. Insofern lebt in dem Protest sogar mehr als ein Körnchen Wahrheit. Aber erst wenn diese Wahrheit erkannt wird, kann sie zu echten, lebenssteigernden Veränderungen führen, nachdem sie von der ideologischen Entstellung, der Irreleitung der Jugendlichen hinein in einen neomarxistischen Neurotizismus befreit worden ist.

Das Gefühl des Bedrohtseins durch die Polizei, die schließlich eine Einrichtung zum Schutz des friedlichen Bürgers darstellt und jederzeit in der Schweiz wie in der Bundesrepublik in dieser Funktion realiter erlebbar ist, ist ebenso das Merkmal einer neurotischen Selbsttäuschung des Sich-verfolgt-fühlens, wie das Erlebnis des Befreit-seins durch die gemeinschaftliche Gewalttat: Da die Möglichkeit, Gemeinschaft, Freundschaft als konstruktives Dauererlebnis zu haben, fehlt, entlastet die gemeinschaftliche Gewalttat von den negativen Erlebnissen der

---

[3] Der Spiegel Nr. 52, 1980, S. 33–52.

Isolation, des Gefühls von Leere, Angst, Eingeengtheit und ohnmächtiger Wut.

Es muß an dieser Stelle betont werden, daß eine einzelne Frustration in der frühen Kindheit natürlich noch keinen Revoluzzer hervorbringt – die Teufelskreise als Ergebnis des unzureichenden Fundaments, die Mißerfolge bereits in den Kinderjahren, das Erleben des Verworfenwerdens als Folge der Unverträglichkeit solcher Kinder und viele weitere Faktoren mehr, die noch besprochen werden sollen, machen erst durch eine permanente Summation der Negativ-Erlebnisse das Elend im jungen Erwachsenenalter manifest. Es ist nicht immer auf den ersten Blick möglich, den Primärschaden vom Sekundärschaden zu unterscheiden und die negativen Zusatzerlebnisse im Werdegang des einzelnen nicht für die Ursache zu nehmen. Es ist für nachdenkliche Laien nicht unmittelbar plausibel, die gravierende Dominanz der frühen Triebstörung einzusehen; dennoch läßt das erdrückende Material internationaler Forschung und kasuistischer Beobachtung keinen Zweifel an der Gewichtigkeit adäquater oder inadäquater Pflege des Kindes in seiner ersten Lebenszeit[4].

Kollektive Psychohygiene wäre also dringend angezeigt, um der Minderung der Lebenskraft einer immer größer werdenden Zahl seelisch gefährdeter jungen Menschen zu begegnen. Die Voraussetzung dazu wäre aber ein Erkennen der unabdingbaren Notwendigkeit, die Mütter für ihre Kinder bereitzustellen, d. h., die Übernahme der moralischen Verantwortung für eine solche Neurosenprophylaxe nicht nur durch sie, sondern auch durch die Väter, den Clan, vor allem aber durch die Regierenden. Der Sinn überpersönlicher Verantwortung aller Instanzen für eine lebenskräftige Charakterentwicklung müßte so allgemein geweckt, die emanzipierte Mutter müßte in ihrem schweren Amt der ‚Brutpflege' so allseitig beschützt, behütet, anerkannt und umsorgt werden, daß dieser so zentral wichtige, heute nur noch passagere Beruf auch für die moderne Frau wieder attraktiv werden könnte. Die allseitig geachtete und ge-

---

[4] Schetelig, 1981.

ehrte Mutter von Kleinkindern könnte dann gewiß auch die Zeit der Einschränkung ihrer Flexibilität sicher mit sehr viel mehr Zufriedenheit und innerer Zustimmung absolvieren. Dazu gehört freilich auch ein neues Bewußtsein der Geburtshelfer und der klinischen Pädiater über die Schädigungsmöglichkeit durch Verlassenheitsgefühle in einem anonymisierten und überorganisierten Klinikbetrieb. Die tibetanischen Flüchtlingsmütter in der Schweiz, so berichtete die FAZ 1972, gebären ihre Kinder meist heimlich zu Hause, weil sie die unpersönlichen Praktiken in den überzivilisierten Schweizer Kliniken fürchten. Mit Recht fragt die Berichterstatterin, die schildert wie hautnah die tibetanischen Kinder in ihrer ersten Lebenszeit gehalten werden: „Ob das der Grund dafür ist, daß diese Allerkleinsten auch untereinander so erstaunlich friedfertig, so gesittet, so höflich sind?“[5]

Daß die Zunahme der Friedfertigkeit in der Welt sehr viel zu tun hat mit dem Erwerb eines friedfertigen Charakters in der Urgeborgenheit der opferbereiten Liebe einer natürlichen Mutter, konnte eine Reportage 1972 noch unbedenklich in einer deutschen Zeitung zum Ausdruck bringen. 1981 sind derlei Ausführungen selbst in den sich neutral gebenden Medien mehr und mehr unerwünscht geworden.

Dennoch müssen wir uns sehr nüchtern darüber klar sein, daß die künstliche Züchtigung gewalttätiger Aggression keinen guten Weg zum Frieden abgibt. Die Mentalität der Aussteiger, ihre Verseuchtheit mit Rauschgift ist kein Weg sondern lediglich Symptom – gleichsinnig mit dem Sterben der Fische in den Strömen und dem Eingehen der Wälder im Gebirge: Sie sind Signale unzulässiger Grenzüberschreitungen, Symptome einer alarmierenden Krankheit. Unsere ‚Aussteiger‘ nähren sich von Raub und Diebstahl, vom gelegentlichen Jobben einzelner weniger kranker, mitläuferischer Mitglieder, vor allem aber von Subventionen, die von den arbeitsfähigen Menschen der Gesellschaft als Steuerleistung erbracht werden[6]. ‚Alternativen‘ dieser Art sind keine echten zukunftsträchtigen Neue-

[5] Bräuhäuser 1972. [6] Der Spiegel ebd.

rungen. Sie als Erscheinung, als Anklage, als Aufruf zur Verantwortung ernst zu nehmen, ist vielmehr das Gebot der Stunde. Unser Leben muß wirklich anders werden; aber nicht, indem wir das Kranke als das Bessere, Gesündere hochstilisieren, sondern indem wir nüchtern Überlegungen zur Sanierung unserer vergifteten Landschaft und unserer jungen Generation anstellen, indem wir unser Augenmerk auf die Schaffung gesünderer Voraussetzungen richten.

b) Ich-starke Durchsetzungsfähigkeit, materielle und geistige Unabhängigkeit oder ichschwache Gefügigkeit, Zwangsneurose, Hyperaggressivität und Gewalt

Den zweitwichtigsten Anteil an den die junge Generation ruinierenden Ursachen haben die ‚antiautoritäre' Erziehung und die Verwöhnungsmöglichkeit der Wohlstandsgesellschaft. In Abbildung I wird in der zweiten fundamentalen Stufe (graue Umrandung) dargestellt, welche konstruktiven Eigenschaften im Kindesalter eingebahnt werden, wenn das Kind in einer angemessenen Weise beeinflußt wird: Es erwirbt Durchsetzungsfähigkeit und Selbstständigkeit, Ichstärke und Bereitschaft, seinen Besitzstand zu wahren und zu verteidigen. Der Selbstbehauptungstrieb, der als gesunder kindlicher Egoismus im Kleinkindalter in Erscheinung tritt, muß durch die Erzieher angemessen gepflegt werden, indem dem Kind einerseits Spielraum zum Erwerb seiner Selbständigkeit und andererseits Unterscheidung von Erlaubtem und Unerlaubtem zur Vorbereitung einer Realitätskontrolle im Hinblick auf seine *begrenzten* Lebensrechte erfährt. Das Kind an einer erzieherischen Leine, einer langen, aber nicht allzu langen Leine in diesem Alter zu leiten, ist geradezu lebensnotwendig. Eine angemessene Selbständigkeit des Kindes ist die Voraussetzung für eine gelingende Pubertät, Vorbereitung, um sich später von den Eltern abzulösen, sich aus den kindlichen Bindungen so weit zu befreien, daß der Start ins Erwachsenenleben beginnen kann. (Grauer Kasten in der Mitte). Die Aneignung einer phasengerecht erworbenen Selbständigkeit, die sich mit einer eigenständigen Lernfähigkeit und Leistungsbereitschaft verknüpft hat, das erst ermöglicht im Erwachsenenalter ein realitätsgerechtes Urteilsvermögen, das die Voraussetzung zu geistiger Unabhängigkeit darstellt (s. Abb. I, oberer grauer Kasten).

Es gibt keinen anderen Weg zur Unangefochtenheit gegen verführerische Zeittrends und Ideologien. Die Erziehung zur ‚Kritikfähigkeit' und ‚Konfliktbereitschaft', die bereits in den Programmen unserer Grundschulen zum Haupterziehungsziel ernannt worden ist, ist deshalb schlimmeres als eine leere Phrase. Sie ist vielmehr der gefährliche Versuch, in jungen Kindern das Sich-Verweigern zu züchten, d. h. neurotische Unzufriedenheit, die in vielen Kindern latent vorhanden ist, zu verstärken und zu manifestieren, statt den pädagogischen Auftrag zu erfüllen, die Kinder zur bejahenden Mitarbeit am Leben zu ermuntern. Dadurch wird nicht geistige Unabhängigkeit vorbereitet – sie ist eine Folge von Ich-Stärke, Lebensreife und einem (Überblick ermöglichenden) Wissensstatus – sondern die gefährliche Voraussetzung geschaffen, ich-schwache junge Menschen vom Pubertätsalter ab für ideologische Indoktrination empfänglich zu machen. Viele Kultusminister sind mit einer Übernahme der Programme linker Gesellschaftsveränderer denen auf den Leim gekrochen, die bewußt das Ziel verfolgen, durch den Ruin der jungen Generation den Ruin dieser Gesellschaft vorzubereiten. So schreibt Kultusminister Remmers in einem Brief vom 25. 5. 1981 an einen Schulmann, der das absinkende Niveau im Wissensstatus der jungen Generation beklagt: „In früheren Jahrzehnten und Jahrhunderten hatte die Schule vor allem die Aufgabe, Wissen und Kenntnisse zu vermitteln. Heute lauten die Bildungsziele unserer Schule jedoch ganz anders. Um Ihnen das zu erläutern, darf ich Ihnen etwas aus dem niedersächsischen Schulgesetz zitieren: ‚Die Schüler sollen fähig werden, ... Konflikte vernunftgemäß zu lösen, aber auch Konflikte zu ertragen."

Die Gefahr, daß das so dominante Erziehungsziel der modernen Schule, ‚Konfliktbewußtsein zu schaffen', nichts anderes ist, als neurotischer Unzufriedenheit einen Mantel der Scheinberechtigung und Scheinbegründung umzuhängen, und gerade deshalb für die Kinder heute Verführung bedeutet, wird besonders deutlich, wenn man sich klar macht, daß eine große Zahl der Kinder im Elternhaus die angemessene Erziehung zwischen freilassen und eingrenzen nicht mehr erfährt. Der erstarkende Selbstbehauptungstrieb wird selten noch durch ein Übermaß an Strenge, an zu ‚kurzer Leine', in eine neurotische Übergefügigkeit gebracht (Abb. II, linker grauer Kasten unten), sondern sehr viel häufiger durch ein übermäßiges Laufenlassen einer Wucherung anheimgegeben. Dadurch entsteht (besonders die Amerikaner haben das mit ihrer antiautoritär erzogenen jungen Generation erfahren können[7]) nicht Friedfertigkeit, sondern Hyperaggressivität (Abb. II, rechter grauer Kasten unten). Das Kind reagiert auf kleinste Einengungen empfindlich, entwickelt aber selbst einen Hang zur aggressiven Provokation. Seine Ausfälle sind unbewußte Versuche, seinen Freiraum und dessen Grenzen abzustecken und dadurch zu lernen, sich in bekannten Strukturen geborgen zu fühlen. Versäumen die Erzieher das Abstecken von Grenzpfählen, so erneuert das Kind provozierend im Wiederholungszwang seine Aktionen, wobei die Aggressionen zunehmend mehr den Charakter der Reaktion auf Enttäuschung annehmen. Nichtfrustrierte Kinder mißverstehen ihre Erzieher mit Recht als lieblos und gleichgültig, wodurch sich Wut und Haß immer mehr aufstauen. Verstärkt wird diese Gestimmtheit als Frucht eines unzulässigen Ausmaßes an Freiheit durch eine unreflektierte Verwöhnung mit Materialien durch die Kindheit hindurch. Die Kinder wittern mit Recht, daß ihnen Falsches, Lähmendes, Materielles anstatt der nötigen liebevollen Mühewaltung zuteil wird. Diese Kinder antworten deshalb geradezu zwangsläufig auf eine solche Fehlerziehung in der Pubertät mit einem schmollenden Bruch mit den Eltern. Der durch die Geschlechtsreife ausgelöste aggressive Impuls zur Verselbständigung trifft auf ein überhöhtes, angestautes Potential an Aggressivität, das nun zu unerträglichem Verhalten den Eltern gegenüber führt (Abb. II, rechter grauer Kasten Mitte). Und es ist das

[7] Bronfenbrenner 1973.

spezifische Elend unserer jungen Generation, daß diese intrapsychische Vorbereitung zum Haß auf die Eltern von den linken Unterwanderern zur aktiven Verzweiflung über die nichtswürdigen Alten, diese verkommenen ‚Bourgeois' hochgepolt und zur straßenschlachtbereiten Eskalation gebracht wird[8].

Es darf nicht verkannt werden, daß durch ein solches zielgerechtes Anfachen ihrer Aggressivität auch die wenigen noch durch Prügelerziehung aggressionsgehemmten, äußerlich bisher gefügigen, aber mit gestauten Aggressionen beladenen Jugendlichen sich von den gegen Polizisten geworfenen Steinen geradezu magisch angezogen fühlen. Das plötzliche Mitmachen ist hier mehr als ein Mitlaufen, sondern ein Durchbruch durch eine Gehemmtheit, wie er in der Geschichte sich immer wieder dann ereignet hat, wenn Gewalttaten mit dem Mantel der Legitimität umhängt wurden. Eine solche Zündschnur zündet eben besonders gut, wenn sie im Pulverfaß aufgestauter, latenter Aggressivität vieler Menschen befestigt ist.

In der Erziehungsart von Kindern in diesem Jahrhundert bis 1955 war es eher üblich, daß der Selbstbehauptungstrieb durch eine reichlich kurze Leine gehemmt wurde. Nicht immer wird eine solche Aggressionshemmung durch gewalttätige Prügelerziehung, sondern durch bemächtigende mütterliche Liebe oder durch allzu karge, existentiell bedrohte Lebenssituationen ausgelöst, so daß das schüchterne, artige brave Kind im Erscheinungsbild der damaligen Kindergeneration vorherrschend war (Abb. II linker grauer Kasten unten) – nicht immer auf dem Boden ausgeglichener seelischer Gesundheit! Blieb die Ablösung vom Elternhaus aus (Abb. II linker grauer Kasten Mitte), führte die Angst vor der Aggression zur Verdrängung lebensnotwendiger Selbstbehauptung und Verteidigung (Abb. II grauer Kasten oben), so entstand (und entsteht auch heute noch, nur in einer geringeren Zahl von Menschen) der sogenannte zwangsneurotische Charakter mit der Symptomtrias: Pedanterie, Geiz, Rechthaberei[9]. Ein Großteil der Menschen in der älteren

---

[8] Brezinka 1972. [9] Riemann 1968.

Generation (der 1900 bis 1955 Geborenen) zeigt Anteile dieser Struktur, die sich in schwersten Fällen von Aggressionsgehemmtheit in Wasch-, Ordnungs- und Rückversicherungszwängen äußert, um die Angst vor der mächtig angestauten mörderischen Aggression durch immer wiederholte Rituale in Schach halten zu können (Abb. II grauer Anteil im obersten Feld).

Die gestaute und gehemmte Aggressionsbereitschaft in außerordentlich vielen der damaligen jungen Deutschen ist eine Voraussetzung für den Erfolg des – Aggression legitimierenden und kanalisierenden – Demagogen Hitler gewesen. Ohne die unterschwellig bei vielen Menschen zum latenten Sadismus pathologisch angestaute Aggressivität hätte es ihm nie möglich sein können, KZ-Häscher in so großer Zahl für die ‚Endlösung' in der Judenfrage zu finden.

Heute wird hingegen die Angst vor der Aggression, die früher in den pedantischen, ordnungssüchtigen, rechthaberischen, zwangsneurotischen Charakter einzumünden pflegte, selbst bei den aggressionsgehemmten Jugendlichen durch Indoktrination in Schule und Medien zur aggressiven Agitationsbereitschaft umgepolt. Viele dieser oft in linken Verbänden agierenden jungen Menschen kämpfen mit den aggressivsten Mitteln für Solidarität und Mitbestimmung, für Gleichberechtigung und Toleranz, sind aber in ihrer aggressiven Unnachgiebigkeit, in ihrer starren Verweigerung von Konzessionen geradezu wandelnde Inkarnationen unreflektierter Herrschsucht, die vor dem Rechtsbruch ebenso wenig zurückschrecken wie die zur Macht gelangten neurotischen Diktatoren á la Hitler (Abb. II, graue Kästchen, rechts oben).

Dabei darf nicht übersehen werden, daß Versuchungen dieser Art in verstärktem Maße für diejenigen jungen Menschen attraktiv werden, die außer einer verwöhnenden ‚antiautoritären' Erziehung gleichzeitig eine vitale Ungeborgenheit aus ihrer frühesten Lebenszeit mitbringen, wie Isabell zum Beispiel. Für junge Erwachsene mit einer solchen intrapsychischen Gestimmtheit bedeutet die *aggressive* Gemeinschaftstat gleichzeitig ein Erlebnis der Geborgenheit, nach dem sie sich zeit ihres

Lebens gesehnt haben! Dafür sind sie bereit, gewissermaßen alles, was sie bisher noch an das bürgerliche Leben band, hinzuwerfen. Dieses Erleben ist zu elemtar befreiend positiv.

„Wir wollen uns erleben, wollen uns spüren", sagt der Steineschmeißer Jan im *Spiegel*-Interview. „Wir haben uns schaurig verbunden gefühlt. Du wirst getragen von dem Gefühl der Zusammengehörigkeit"[10].

An den modernen Straßenschlachten läßt sich zudem neu die Erfahrung machen, wie gut bei uns Menschen heute noch bei gelungener geistig-kanalisierender Vorbereitung der biologische Impuls zur Gruppenverteidigung funktioniert: Auf den Schrei des Angegriffenseins eines einzelnen geht die Gruppe knopfdruckartig zum Angriff über. Bei einer großen Zahl von Menschen, die das Gefühl des Verletzt- und Angegriffenseins mit sich seit früher Kindheit herumtragen, reicht deshalb nach gelungener Indoktrination zur Verweigerung durch die Medien, durch Schulbücher und linke Lehrer allein der Schrei eines einzelnen, der sich subjektiv angegriffen fühlt, ohne daß das objektiv der Fall zu sein braucht, um durch die blindwütige Aggression aller im gemeinsamen Aufstand in vermeintlicher Verteidigung zu einem verschworenen Kampftrupp zu werden.

c) Partnerverbindung in verantwortungsbewußter Treue oder Mißlingen der Partnerbindung, Hysterie und Perversion

Ebenso wie die drei erstgenannten vitalen, fundamentlegenden Antriebe des Menschen ist der Geschlechtstrieb bereits in jungen Jahren zum lebensstabilen oder lebensschwächenden Element positiv oder negativ polbar. Das liegt daran, daß der Geschlechtstrieb zwar angeborenermaßen vorhanden ist und latent reift, um in der Pubertät manifest zu werden; aber dabei ist die Ausrichtung auf das Gegengeschlecht, die ebenfalls angeborenerweise zunächst latent vorliegt, störbar, erfahrungsgemäß bereits in der Kindheit, und besonders dadurch, daß die gegengeschlechtlichen Vorbilder in der Elterngeneration mit

---

[10] Der Spiegel ebd.

negativen, ängstigenden Erlebnisvalenzen des Kindes verknüpft werden oder dadurch, daß die gleichgeschlechtlichen Vorbilder so wenig zum Nachahmen ermutigen, daß der Wunsch *diesem* Geschlecht nicht weiter anzugehören, aus Angst immer mächtiger wird und ein Bejahen der eigenen Geschlechtsrolle verhindert. Während positive Kindererlebnisse mit dem gleich- und gegengeschlechtlichen Vorbildern bewirken, daß von der Pubertät ab die Möglichkeit zur Partnersuche hinreichend vorbereitet ist (Abb. I, weiß umrandete Kästen), gelingt das dem auf diesem Sektor angstbesetzten jungen Menschen nicht. Er geht entweder in die Vereinsamung (Abb. II weiße Kästen, links Mitte) aus Angst vor dem gegengeschlechtlichen Erleben oder sogar in psychosomatische (im klassischen Sinne hysterische) Leiden[11] (Abb. II, linke Seite, obere weiße Kästen rechts), oder er macht aus der Not eine Tugend, wird ein Don Juan, ein Schweifender Single (Abb. II weißes Kästchen rechte Mitte). Seine Sexualität weicht auf ihn weniger ängstigende Personen und Sachen aus (Pädophilie, Homosexualität, Fetischismus, Sodomie). In übelsten Fällen entstehen Triebverbrechen und Prostitution (Abb. II, weißer Anteil vom oberen Feld rechts).

Traurige Schicksale dieser Art hat es in Einzelfällen immer in nicht ganz geringer Zahl gegeben. Der in der zweiten Hälfte des vorigen Jahrhunderts oft stark ängstigende Erziehungsstil von Familienvätern hat damals in Verbindung mit der viktorianischen Prüderie, die die Verdrängung besonders der weiblichen Sexualität begünstigte, eine Häufung der Hysterie bei Mädchen und Frauen zur Folge gehabt, so daß der scharfsinnige Beobachter Freud die Ursache – nämlich die unter Angst unzulässig weit verdrängte Sexualität – herausfinden konnte[12]. Bis in die Mitte der sechziger Jahre gab es auf diesem Feld keine alarmierende Verschlechterung. Eher war eine Entwicklung zum Besseren feststellbar. Durch die größere Offenheit, durch eine allmählich sich anbahnende Bemühung um eine behutsame Geschlechtserziehung der Kinder gab es im Nachkriegs-

---

[11] Freud 1905. [12] Freud ebd.

deutschland bis in die Mitte der sechziger Jahre hinein eher so etwas wie eine Entspannung auf diesem Sektor. Deshalb auch (selbstredend vornehmlich freilich wegen der Liberalisierung des Strafrechts) verzeichnen unsere statistischen Jahrbücher bis heute eine Abnahme der Triebverbrechen.

Der Ruin der jungen Generation mit Hilfe einer Fehlpolung des Geschlechtstriebes ist erst seit Beginn der siebziger Jahre vorhanden und deshalb erst in Ansätzen sichtbar, wird aber in seinen verheerenden Manifestationsformen in den achtziger Jahren immer deutlicher in Erscheinung treten. Die Nötigung zu verfrühter Bewußtwerdung und zum verfrühten Praktizieren von Sexualität bereits im Kindesalter und in der Vorpubertät – in einer Zeit, in der die Sexualität eigentlich noch latent ist, weil der manifestierende Hormonschub der Pubertät noch nicht eingesetzt hat – in Verbindung mit dem fehlenden Erleben frühkindlicher Geborgenheit führt leicht einmal zu einer Vermehrung sexualsüchtigen Verhaltens bei gleichzeitiger Unfähigkeit zu treuer Verbindlichkeit im Erwachsenenalter. In mäßiger Ausprägung wird das nach außen lediglich in einer Minderung der Leistungsfähigkeit, in schlimmer Ausprägung als Ehescheu und erhöhter Scheidungsbereitschaft sichtbar. Daß hier aber die Bindungslosigkeit der *frühen* Kindheit ein sehr viel stärker ins Gewicht fallender Faktor ist, wird daran erkennbar, daß – bei einem sprungartigen Anschwellen der Ehescheidungen in beiden deutschen Staaten – in der DDR (in der 98 Prozent der heute jungen Erwachsenen in Kinderkrippen aufzuwachsen hatten) doppelt so hoch ist wie die ebenfalls das verträgliche Maß weit überschreitende Ehescheidungsquote in der Bundesrepublik Deutschland. Dieser im Osten stärker labilisierend in Erscheinung tretende Faktor wird aber im Westen in den kommenden Jahren durch die negativen Folgen der systematisierten sexuellen Verfrühung negativ ausgeglichen werden. Die Anleitung zur Selbstbefriedigung im Kindesalter z. B., die nun so scheinwissenschaftlich prononciert als seriös anempfohlen wird, erschwert die Einbindung ins Gegengeschlecht. Das Rezept von Helmut Kentler zum Beispiel[13], die Kinder in polymorph perverser Sexualität einzuüben, stellt Sexualität mit anderen Objekten statt einer gegengeschlechtlichen Person als freiheitliche Spielart des Auch-Möglichen dar und bewirkt (über BRAVO und Sexualkunde-Beeinflussung) eine Fixierung von immer mehr jungen Leuten an unangemessene Sexualobjekte und unangemessene Sexualpraktiken, auf jeden Fall eine Einübung in Sexualität bereits in der frühen Kindheit. Die Zahl der Homosexuellen soll in Westdeutschland in den letzten Jahren bereits von 3 Millionen auf 10 Millionen angewachsen sein. Der organisierte Vormarsch sieht nicht etwa nur gesellschaftliche Anerkennung der Homosexuellen vor, wie es dem Naiven scheint – eine Anerkennung, die jeder liebevolle Mitmensch gern zu konzidieren bereit ist –, sondern die ersatzlose Streichung des Paragraphen 175, d. h. also die gesellschaftliche Erlaubnis zur Verführung von Kindern durch erwachsene Homosexuelle, wobei der Wortführer Helmut Kentler die Generalisierung der Pädophilie damit begründet, daß sie „für besonders schwer geschädigte Kinder" durch den Körperkontakt mit ihren erwachsenen Verführern den Stellenwert einer „Psychotherapie" bekäme[14], obgleich gerade umgekehrt jeder erfahrene Kindertherapeut die angstverstörte Zerfahrenheit, den Zusammenbruch der Arbeitsfähigkeit, der psychosomatischen Leiden als Folge von verfrühten sexuellen Erlebnissen in der Praxis bei sorgfältigen Recherchen und gelingender Therapie wieder und wieder zu sehen bekommt. Dabei bekennen sich Kentler und seine ebenfalls bereits zu Schlüsselpositionen avancierten Mitstreiter unverblümt zu ihren Zielen, die mit dem persönlichen Glück der derart von ihnen Therapierten wenig zu tun hat: Mit Hilfe der Sexualisierung der jungen Generation soll das revolutionäre Potential gesteigert werden[15].

Die zweckgerichtete Verführungsstrategie wird aber von den Verführten selbst nicht im mindesten mit Empörung als menschenunwürdige Manipulation erkannt und zurückgewie-

[13] Kentler 1970.
[14] Der Spiegel Nr. 30, 1980, S. 152.
[15] Kentler ebd., Sadoun 1970, Sewing 1971, Anzinger 1973.

sen. Im Gegenteil: Wenn die Strategie erfolgreich eingesetzt worden ist, identifizierten sich die Umgarnten mit den politischen Zielen ihrer Verführer, ja die Aggression gegen die ‚böse kapitalistische Gesellschaft' wird zu einem lebensnotwendigen Ventil der subjektiven Aggressivität, die sich als Folge von Angst und Lebensnot grundsätzlich reaktiv ausbildet, wenn die Lebensführung vom sinnvollen Lebensentwurf zu weit abweicht.

Die politische Nutzung des wuchernden oder richtungskrank gemachten Geschlechtstriebes hat – da es in der Bundesrepublik keine Instanz gibt, die diesen Feldzug weder offiziell noch inoffiziell hindert – alle Aussicht auf sich rasch vermehrenden Erfolg. Die Propagierung des Geschlechtsverkehrs von der Geschlechtsreife ab bewirkt, daß die Kinder rascher als es ihnen gut täte, ihrem Elternhaus den Rücken kehren; denn praktizierte Sexualität treibt die Entbindung von den kindlichen Erstbeziehungen schubartig voran. Deshalb muß die Vorverlegung des Mündigkeitsalters in die 18jährigkeit als eine besonders negative Maßnahme gewertet werden, die den Ruin der jungen Generation der Eskalation zutreibt. Die Vorbereitung auf den Auszug aus dem Elternhaus zwecks Eintritt in ein Eheleben ohne Trauschein oder in eine Kommune mit promiskuitivem Geschlechtsverkehr rückt bereits für die 15- und 16jährigen in greifbare Nähe. Die Anwesenheit im Elternhaus wird zu einem ungeduldigen und unduldsamen Hocken auf einem Nestrand, einem Aufenthalt, den man als lästiges Übel so bald wie möglich hinter sich haben möchte. Nicht nur die destruktiven Brüche zwischen Alt und Jung werden dadurch in immer größerer Zahl zur Gegebenheit, die den Jungen schadet; auch die Minderung der Leistungsfähigkeit, der Lebensfreude, die Bereitschaft und Fähigkeit, zu heiraten und Kinder in die Welt zu setzen, wird durch eine generalisierte pädosexuelle Praktik mehr und mehr gemindert und gefährdet vor allem die Zukunft der also trotzig und müpfig Agierenden selbst wesentlich mehr als die Generation der warnenden Alten, die beim Eintreten der innenpolitischen Katastrophe kaum noch vorhanden sein dürften.

Zu hoffen bleibt freilich, daß der bei unzähligen jungen

Menschen immer instabiler werdende Lebensaufbau nicht ein solches Übermaß annimmt, daß über den Zusammenbruch einzelner hinaus ein selbstmörderischer Zusammenbruch des Ganzen eintritt: Es gibt vermutlich heute noch eine ebenso große Zahl junger Erwachsener, bei denen die Stufungen eines stabilen Lebensaufbaus sich zu einer seelisch gesunden, menschlich reifen Persönlichkeit auszugestalten vermochten (s. Abb. I, oberste Stufe). Wie es bereits in dem Beitrag von 1959 in der FAZ (S. 50/51) dargestellt wurde, besteht nur auf dem Boden einer einsichtigen Eingrenzung, einer überpersönlichen, liebesbereiten Bindung, eine innere Freiheit echter Selbstverwirklichung. Es bedeutet Selbsttäuschung, ein freundbestimmtes Mitlaufen im Trend der Zeit dafür zu halten. Bei seelisch gesunder Entwicklung kann die in frühen Jahren vorbereitete Bindungsfähigkeit zu einer überpersönlichen Bindungsbereitschaft ausreifen, die zum bewußten Bejahen einer überpersönlichen Verantwortung führt. Diese Freiheit der reifen Persönlichkeit fragt nicht nach schrankenloser Ich-Ausweitung, sondern findet sie im Freiraum einer gehorsamen Einbindung in den Dienst am Leben.

Unsere Jugend hat es schwer, zu einer solchen stabilen Sinnfindung zu kommen, denn die negativen Bereiche der Seele: die Neigung zur Mutlosigkeit, zum Ausweichen und Erlahmen, zum Verweigern, zu Haß, zu Neid und zu Trägheit werden in unserem Zeitgeist über die Medien und zum großen Teil auch schon über die Schulen in ihnen gezüchtet – und das meist, ohne eine vitale und geistige Panzerung gegen Seelenzersetzung dieser Art aus ihrer Erziehung im Elternhaus mitzubringen. Sie sind der Verführung dann wehrlos ausgeliefert. Der Mensch ist aber generell viel zu schwach, als daß er es sich erlauben könnte, negative Intentionen so zu verstärken.

„Tugend will ermuntert sein, Bosheit kann man schon allein", sagt der Humorist Wilhelm Busch klüger als alle unsere zum Konflikt auffordernden Curricula zusammen[16].

---

[16] Busch, W., Plisch und Plum.

Liberalität um jeden Preis, für die jeder Impuls, jedes Bedürfnis, jeder Wunsch berechtigt ist und gleiche Gültigkeit hat, wird deshalb für unsere Jugendlichen zu einem gefährlichen Zugpferd eines romantischen Marxismus, der der Vorstellung frönt, daß der Mensch eigentlich und von Anbeginn an engelhaft gut sei und nur gerechter, völlig gleicher Behandlung bedürfe, um sich selbst das Paradies auf Erden zu schaffen. Zwischenstufe sei lediglich die völlige Eliminierung der herrschsüchtigen, kapitalistischen Gesellschaft. Als Zeitgeist sind diese hochmütigen und irrealen Wunschträume, die zielgerecht durch unsere Massenmedien in die Jugend infiltriert werden, extrem virulent, so daß es nur die Alleraufgeklärtesten schaffen, nicht in die Irre zu gehen und sich ihm wirklichkeitsgerecht zu widersetzen.

Dieser Zeitgeist bedeutet nicht Fortschritt und Völkerglück, weil er sich nicht an die Grundgegebenheit, nämlich die Wirklichkeit über das Wesen des Menschen hält. Der Mensch ist nicht von Natur gut und altruistisch – er ist elend, schwach, hilfsbedürftig, verstör- und verstümmelbar, aber auf Freiheit, Güte und Liebe angelegt. Er kann diese Ziele nur erreichen, wenn er durch realistische Erzieher und Vormacher auf diese konstruktiven Ziele hingelenkt wird. Er muß durch seine Erzieher lernen, daß sein Leben nicht ein „Spaß" ist, sondern ein Auftrag, als ein konstruktiver Beitrag an der Schöpfung gedacht, daß er sich dafür, seine idividuellen Begabungen entfaltend, mitverantwortlich und konstruktiv einzusetzen hat. Und es muß unserer Jugend vermittelt werden, daß das nur gelingt, wenn man auf ein Seinsollendes horcht, statt zu glauben, das Leben schrankenlos nach eigener Maßgabe verändern zu können, daß es dazu auch nötig ist, sehr sorgsam die Lebenstriebe angemessen zu behandeln und zu disziplinieren, da sie sonst zur Lebensschädlichkeit entarten, daß wir darüber schon sehr viel wissen, da wir ein altes Kulturvolk sind, das seine Erfahrungen mit sich selbst in sittlichen Normen, rechtlichen Regelungen und pädagogischen Postulaten tradierbar gemacht hat. Wir haben uns lediglich leichtfertig den Abbruch mit der Tradition aufnötigen lassen. Unsere durch das künstliche Leben vital geschwächten Kinder lernen derlei Orientierungsmarken nicht mehr in Kindheit und Jugend. Stattdessen sind sie durch den Volkserzieher Fernsehen an das einzige zugkräftige Klassenziel unserer Zeit ausgeliefert worden: durch aggressive Verweigerung zur Avantgarde der Weltrevolution umgepolt zu werden. Durch Verweigerung kann aber kein junger Mensch seelisch satt werden! Deshalb bleibt ihm nur: die volle Übernahme der Ideologie, Aussteigen zu sektiererischer Schwärmerei oder der schleichende bzw. der akute Selbstmord. Es sei denn, wir helfen!

IV. Was zu tun ist

a) Erziehung zur Frau

Wie die Schwerpunkte eines Sanierungsprogramms aussehen müßten, das ist in dieser Schrift nicht nur bereits mehrfach angeklungen, nicht nur in bereits publizierten Schriften dargelegt, es ist für jeden einsichtigen Laien mit einiger Phantasie leicht entwickelbar. Dabei muß am Anfang die Lösung der bisher immer wieder verdrängten und nur stümperhaft angegangenen Frauenfrage stehen. Auch das moderne Mädchen der achtziger Jahre sollte mindestens zu 50 Prozent auf die so unumgängliche Notwendigkeit, daß ein gesunder Staat seelisch gesunde tüchtige Mütter braucht, in seiner Erziehung in Elternhaus und Schule und während seiner Ausbildung vorbereitet werden. Dabei gibt es zu bedenken, daß die zur Mutterschaft besonders befähigenden Begabungen der Frau durch übertriebene Intellektualisierung zur Verkümmerung gebracht werden können[17]. ‚Verkopfte' Mütter, so hat die Erfahrung gelehrt, tun sich schwerer, das Repertoire an einfühlsamer Intuition für das Neugeborene parat zu haben, die die beste Gewähr für sein optimales Gedeihen ist. Die Ratio ist nur ein schwächlicher unsicherer Ersatz für eine urtümliche Instinktsicherheit, die im Grunde jeder einigermaßen seelisch gesun-

[17] Meves 1979.

den Mutter noch heute zur Verfügung gestellt wird, wenn sie ein Kind geboren hat[18]. Deshalb ist es nötig, im Ausbildungsgang der Mädchen die vermännlichende Verkopfung nicht zu weit zu treiben. Die lärmempfindliche Horchfähigkeit der Frau, ihre Freude an schöner Ordnung, ihr Interesse für das Seelische und Personale sind nicht einfach nur anerzogen. Im Gegenteil, so haben neue relevante Untersuchungen ergeben[19],[20]: Je weniger man die Kinder ‚rollentypisch' beeinflußt,um so stärker prägt sich das spezifisch Weibliche aus, so haben Untersuchungen der Entwicklung von Kinderladenkindern ergeben[21].

Verheerender ist der Einfluß einer einseitigen, das abstraktlogische, sogenannte wissenschaftliche Denken überbetonenden Schulerziehung. Die plastische Mädchenseele pflegt sich dem zwar anzupassen, aber unter beträchtlichen Einbußen jener Gaben, die zum echten Fortschritt der Menschlichkeit unaufgebbar sind: der instinktwachen spürfähigen Liebes-, Hingabe- und Opferbereitschaft. Die Lösung der Frauenfrage sollte in einer gleichberechtigten, aber vom männlichen Geschlecht dennoch partiell unterschiedlichen Mädchenbildung beginnen. Freilich soll das nicht heißen, daß künftig davon abzusehen wäre, die Mädchen zur Universitätsbildung zu befähigen – die Gewichtung der angebotenen Schulfächer sollte bei Jungen und Mädchen nur um einiges unterschiedlich sein. Das bedeutet, daß das Hauptgewicht bei der Unterrichtung der Mädchen auf den Fächern liegen sollte, in denen sie besonders begabt sind, und das sind wie neue *relevante* Untersuchungen verdeutlicht haben: Deutsch, Sprachen, Musik, Natur- und Sozialkunde, Kunstunterricht und Hauswirtschaft[22]. Auch die Jungen sollte man in diesen Fächern unterrichten, aber die Dominanz auf die naturwissenschaftlichen Fächer legen, in denen sie im allgemeinen die stärkeren Veranlagungen haben. Eine solche schulische Regelung würde dann auch die geschlechts-

---

[18] Meves-Schetelig 1980.
[19] Merz 1979 [20] Neuer, 1981
[21] Merz ebd., S. 117.
[22] Flad-Schnorrenberg 1978.

inspezifischen, die atypischen Sonderbegabungen erkennbar werden lassen und entfaltbar machen.

Darüber hinaus könnte die Einrichtung eines neuen Fachs „Frauenkultur" auf diesem Weg voranhelfen – ein Fach, in dem durch Erziehungskunde, Psychologie (besonders des Mannes) mit einer speziellen Ehevorbereitung vor allem, die ethische und religiöse Begabung der Frau eine Ausformung erführe, die es ihr möglich macht, die ihr – mehr als dem Mann – auf den Leib geschriebenen sittlichen Aufgaben bewußt konstruktiv einzusetzen. Eine rechtzeitige, bewußte, wahrheitsgemäße Unterscheidung zwischen schöpfungsförderndem und schöpfungsminderndem, lebensfeindlichem Tun im Sinne einer psychischen und somatischen Hygiene wäre gewiß in der Lage, die Frauen in den Dienst für das Gute mit Eifer einzuspannen, statt sie der Gefahr auszusetzen, durch Indoktrination bösartig hyänen- und terroristenreif zu werden. Freilich dürfte die größere Betonung der Emotionalität und der Kreativität nicht in der Mädchenerziehung allein stattfinden. Soll es in unserer Welt echten Fortschritt geben, so müßten auch die Knaben in diesen Bereichen Förderung erfahren, um dem Überhandnehmen und dem Überwerten des abstrakt-logischen Denkens und rein technischer Handhabungen entgegenzuwirken. Einseitigkeit dieser Art ist nicht zuletzt eine entscheidende Mitursache im orientierungslosen Labilwerden der jungen Generation.

b) Sanierung der Familie

Der zweite Akzent bei der Bewältigung der Frauenfrage hat die Lösung des Konflikts der Frau zwischen Beruf und Familie zu sein. Die Voraussetzung dazu ist, daß der Dienst der Familienmutter ein vom Staat anerkannter, bezahlter Beruf mit eigenständigem Rentenanspruch wird. Das ist zwar ein teurer, aber unumgänglich nötiger Einsatz, den die moderne Gesellschaft zu erbringen hat, wenn sie Zukunft haben will. Die riesigen Summen von Geldern zur Politikerüberwachung, Hundertschaften der Polizei bei gewalttätigen Demonstrationen, von Einbußen an Leistungskraft durch selbstbewirktes Frührentnertum, durch teure Terroristenappartements in den Gefängnissen sind nur durch ein sanierendes Vorbeugungsprogramm aus der Welt zu schaffen. Die Einsparungen sind in unserer Verwöhnungsgesellschaft viel eher durch Einsparungen von Subventionen am falschen Platz, viel eher mit Hilfe von Einsparungen von Planstellen im öffentlichen Dienst zu leisten, als bei der Priorität, durch die wir allein überleben können: im Bereich der Familie. Darüber hinaus muß die zunächst im Haus verbleibende junge Familienmutter eine vielseitig beachtete, hoch gewertete Person allseitiger Pflege und Betreuung werden, damit sie sich in dieser Zeit wohl fühlt. Die zum Beruf erzogenen jungen Frauen mit dem Verhütungsmittel in der Tasche und der so leicht gemachten Möglichkeit, sich in den Institutionen der Pro Familia das unerwünschte „Schwangerschaftsgewebe" entfernen zu lassen, werden nicht in hinreichender Zahl bereit sein zum Dienst an einer Gesellschaft, die nicht um ihren Einsatz als Familienmutter handfest wirbt. Politiker und Parteien, die den Zusammenhang zwischen Volkstod und der Vernachlässigung des Mütterproblems bei der so selbständig gewordenen, emanzipierten jungen Frauengeneration nicht erkennen wollen, sollte man nicht wählen.

Zu diesem Programm der Umsicht gehört es, den jungen Familienmüttern die Möglichkeit zu häuslicher Fortbildung in ihren Berufen oder zu gelegentlichen kurzfristigen Fortbildungsabenden und Wochenendkursen zu vermitteln. Die Bewährung der Frau in Familie und Ehe könnte darüber hinaus die Grundvoraussetzung für eine Reihe sozialer Berufe sein, die für eine Familienmutter später mit einer relativ kurzen zusätzlichen theoretischen Ausbildung – nach ihrem berufslosen Intervall als Familienmutter – neu eingerichtet und für sie erwerbbar gemacht werden würden. Familienpflege, Ehe- und Familienberatung, unter Umständen auch Dienst in Kindergarten und Grundschule könnten gewiß besonders gut von gestandenen Familienmüttern geleistet werden. Bei den „Mikätzchen", dem von Kultusminister Mikat vor 20 Jahren ins Leben gerufenen Hausfrauen-Lehrerinnen, hat sich dieses Modell bereits bewährt: Sie sind zu großen Teilen ganz besonders erfolgreiche und von den Kindern geliebte, fähige Lehrerinnen geworden, oft wesentlich erfolgreicher als diejenigen Junglehrer, die man auf den Universitäten so intellektualistisch überzüchtet hat, daß die Lehrbefähigung dabei eher geschwächt als gestärkt wurde.

Auch im Bereich der Psychotherapie liegen bereits Untersuchungen darüber vor, daß die Erfolge von intuitiv begabten Laien manchmal größer sein können als die von Fachleuten, die man durch eine quälerische Verkopfung in den Ausbildungen für ihre praktische Tätigkeit am Menschen eher erfolgloser gemacht hat, als sie auf ihre spätere Arbeit effektiver vorzubereiten[21].

Und wieviel mehr taugt erst die praktische Erfahrung der Frauen mit ihren Familien für eine einfühlsame, wirkungsvolle Ehe-und Erziehungsberatung, wenn hier nur ein wenig mit Zusatzausbildung nachgeholfen würde! Die gründliche praktische Erfahrung, die bewußte Ausbildung der Fähigkeit zuzuhören, zu trösten und zu ermutigen sind so viel wertvoller als alles mühsame Herbeireden künstlich aufgebauschter Konflikte, wie es heute in den Humanwissenschaften zur Ausbildung gehört. Praktiken dieser Art führen zu einer degenerierten Form von ‚Beratung', wodurch manchmal mehr Schaden bei den Beratenen angerichtet wird, als daß sie Lebensstärkung erfahren.

Wichtig im Hinblick auf die Stärkung der Familie ist natürlich auch die sorgfältige Beachtung einer familienfreundlichen Wohnkultur, der Verteilung von Sozialwohnungen an Familien mit kleinen Kindern, wobei es von großem Wert wäre, sie möglichst so anzusiedeln, daß die Kinder Auslauf- und Spielmöglichkeit haben.

Die Notwendigkeit der Verwurzelung des Menschen in eine vertraute Heimat ernst zu nehmen, bedeutet auch, unnötige Umzüge für diejenigen Familien zu vermeiden, welche Kinder im Alter zwischen 1 und 16 Jahren haben; denn die Eingewöhnung in die neue Umgebung ist ihnen erfahrungsgemäß nicht selbstverständlich.

---

[21] Hofstätter 1980.

Darüber hinaus: Familienvater, das sollte auch in der beruflichen Umwelt die Kennzeichnung für eine hochrespektierte Nebenbeschäftigung des Mannes sein. Das Modell, den Mann zum ‚Hausmann' zu ernennen, sollte freilich nur in der Not ausnahmsweise praktiziert werden. Die konkurrierende und einander kontrollierende Gleichheit von Mann und Frau im häuslichen Dienst führt meist zur raschen Zerrüttung der Ehe, weil sie den natürlichen Dominanzen von Mann und Frau nicht gerecht wird und ein matriachalisch-feministischer Anspruch ist, der die Männer meist erst in den latenten, dann durch Trennung radikalisierten Widerstand gegen die herrschsüchtige Vereinnahmung bringt. Am meisten befriedigend bei der Aufgabenverteilung der Eltern im Dienst an der Familie ist eine Regelung, bei der die wesenhaften unterschiedlichen Begabungen arbeitsteilig zur Verwirklichung gebracht werden. Mann und Frau sind nicht auf Konkurrenz sondern auf Ergänzung hin angelegt. Paare, die diese Gegebenheit unideologisch bejahen, haben die größten Chancen, ihre Kinder in glückhafter Gemeinsamkeit großzuziehen und ihnen geschlechtsspezifische Vorbilder zu sein, die zur Orientierung und seelischen Gesundheit für die junge Generation existenznotwendig sind.

Eltern sollten bei der Erziehung ihrer Kinder durch vielfältige Fortbildungs- und Beratungsveranstaltungen unterstützt werden. Sie müssen über die Gefahren der Vernachlässigung von Kleinkindern, der Wohlstandsverwöhnung sowie einer laufenlassenden oder Prügel-Erziehung informiert sein. Sie müssen wissen, was es zu vermeiden, was es anzustreben gilt. Die Gestaltung des Familienlebens in der Freizeit, die besondere personale Betreuung eines seelisch schwächeren Kindes in der Familie sollten in Familienfreizeiten praktisch eingeübt und vorgemacht werden. Mütter und Väter müssen lernen, sich mit ihren Kindern lustvoll zu beschäftigen, ihnen spielend Bergung und Anregung zuteil werden lassen und sich um die Ausbildung einer speziellen Begabung bei ihren Kindern zu bemühen. Die Wichtigkeit der Vorbildfunktion und die Notwendigkeit elterlicher Konstanz durch die Kindheit hindurch sollten Eltern eindringlich ins Bewußtsein gebracht werden, um leichtfertiges Scheidungselend von Kindern und Jugendlichen einzuschränken.

Zur Entlastung der Familienmutter mit kleinen Kindern sollte der Beruf der ‚Dorfhelferin' als ein beamteter Beruf ausgebaut werden. Die Institutionalisierung der Krabbelkinder und Kleinstkinder hat sich als fragwürdig herausgestellt. Die zu frühe Vermassung bei antiautoritärem Klima führt zu unangemessener Handhabe des aufkeimenden Selbstbehauptungstriebes. Die Gespanntheit der sich anstauenden Hyperaggressivität mindert die schulische Konzentrationsfähigkeit. Familienerziehung bei einer nicht überlasteten Familienmutter erbringt die besseren Ergebnisse. Deshalb sollte ihr eine Hilfskraft zur Verfügung gestellt werden, so lange sie Kleinkinder hat. Eine kinderfreundliche Erziehung dieser Art zahlt sich in der Vermehrung seelisch gesunder Jugendlicher aus.

Es muß auch zu den Aufgaben einer sanierten Familiengemeinschaft gehören, Kindern ein unterscheidendes Wissen über Gut und Böse nicht nur verbal zu vermitteln, sondern ebenso vorzuleben und durch angemessene Verstärkung, durch Lob und Belohnung, das Gute zu verstärken, durch Kontrolle, Tadel und adäquate Bestrafung das Böse zu schwächen. Wertneutrales, ‚plurales' Erziehen gibt es nicht. Es ist gleichbedeutend mit antiautoritärer Vernachlässigung. Durch die Lebensgestaltung der Eltern sollten die Kinder lernen, das Leben nicht als Zuckerschlecken, sondern als eine überpersönliche Aufgabe zu verstehen.

Die modernen Kinder müssen darüber hinaus spätestens vom 12. Lebensjahr ab vor den Wölfen im Schafspelz gewarnt werden, die sie über Frühsexualität und schulische Arbeitsverweigerung zu Instrumenten ideologischer, machtanmaßender Ziele zu machen suchen. Anhand von Gesprächen über tendenziöse TV-Sendungen, über BRAVO-Aufsätze und schulische Manipulation muß von den Eltern eine rechtzeitige bewußtmachende Aufklärung betrieben werden, um die Kinder vor Indoktrination, vor schädigender Verführung wie Frühsexualität und Rauschgift zu bewahren.

c) Konterreformen in Schule und Ausbildung

Die zweitwichtigste Instanz, die neben der Familie dafür verantwortlich zeichnet, daß in der jungen Generation die lebensfördernden Kräfte verstärkt, die lebensschwächenden in Schach gehalten werden, ist die Schule. Es bedeutet Kindsmißhandlung, die Schule an eine realitätsferne Ideologie auszuliefern, die das Kind seelisch und geistig gefährlich verstört, wie das in der Bundesrepublik Deutschland in den vergangenen 13 Jahren geschehen ist. Die ,Verwissenschaftlichung' des Lernstoffes in der Grundschule z. B. stellt eine unkindgemäße Verfrühung dar, die Grundschulkinder überfordert. Die Anonymisierung des Schulbetriebes durch Großschulen, die auf Unpersönlichkeit geradezu programmiert sind, löst besonders bei den sensiblen Hochbegabten Angst aus, die bestenfalls von den Kindern mit der Angstabwehr Gleichgültigkeit beantwortet werden kann. Bei nicht wenigen kommt es auch zu dekompensierenden Zusammenbrüchen der gesamten Leistungsmöglichkeit, zu angstbedingten psychosomatischen Symptomen und lärmenden Verhaltensstörungen.

Die Fremdheit der fortgesetzt wechselnden Fachlehrer mindert zudem insgesamt die Lernmotivation der Kinder. Eine allgemeine Verdummung der Schüler ist die unausweichliche Folge, die – so läßt sich vermuten – das bewußt beabsichtigte Ziel der Hintermänner der sogenannten Schulreform ist, um die junge Generation zu ruinieren, damit eine große Zahl leicht lenkbarer Manipulationsobjekte entstünde. Das Ruinieren der ohnehin psychisch labilen Kindergeneration wird heute in vielen Schulen durch unmenschliche schulische Einrichtungen, durch unkindgemäße Lehrpläne, durch erziehungsfeindliche Entpersönlichung und durch eine lebensfeindliche Verhetzung als Erziehungsziel in einer hochgradig unverantwortlichen, ja perversen Form betrieben. Praktisch wird nicht ein einziger Fehler, der zwecks Ruinierung denkbar wäre, ausgelassen. Die Schule müßte mit einer gewaltigen Anstrengung aller einschlägigen Instanzen aus dieser mörderischen Sackgasse herausgehoben werden. Das könnte geschehen:

1. indem die konstante kleine Klassengemeinschaft mit wenigen konstanten betreuenden Lehrpersonen zum Kernprinzip der schulischen Veranstaltungsform gemacht würde. Das oft bereits in seiner Kleinkindzeit weder heimat- noch zuwendungssatt gewordene Kind bedarf in unserer Zeit ganz besonders der personalen Betreuung. Die seelisch zur Ruhe bringenden Gefühle des Bekanntseins, des Sich-orientieren-Könnens in den Kindern hervorzurufen, sollte zu einem pädagogischen Postulat ersten Ranges erhoben werden, um das Leistungsvermögen allmählich allgemein wieder zu steigern.
Zu diesem Programm des Sich-geborgen-fühlens sollte auch eine Begrenzung der Stoffülle zugunsten einiger elementarer Schwerpunkte gehören: Das sichere Erlernen der Kulturtechniken, Lesen, Schreiben, Rechnen ist geeignet, der kindlichen Seele ein Stück Festigkeit und psychische Sicherheit zu vermitteln, deren Wert gar nicht hoch genug eingeschätzt werden kann. Grundschulkinder wiederholen gern. Jede die Sicherheit steigernde Wiederholung bekommt heute eine nicht mehr überflüssige psychotherapeutische Funktion, nämlich das ‚oceanic feeling', das Gefühl der Verlorenheit, das durch die Fülle nicht zu ordnender Eindrücke entsteht, in den Kindern zu mindern. Keine Kindergeneration hat bewußte Maßnahmen dieser Art nötiger gehabt als die unsrige
2. Begabungsentfaltung, orientierende Standortbestimmung und Hinweise auf ein konkretes Wertsystem zur Sinnfindung sollten die vordringlichen Ziele der Schulen im Jugendalter sein. Der gleiche Kamm für alle ist dabei ein unwirksames, ja schädliches Modell, da die Kinder in unterschiedlicher Art und in unterschiedlichem Grad begabt sind. Gerechtigkeit kann hier nur durch das Prinzip achtungsbereiter Gleichberechtigung von verschiedenartigen Schulformen entstehen. Die praktisch Begabten, die musisch Begabten, die sozial Begabten müßten Schulabschlüsse erreichen können, bei denen *ihre* spezielle Begabungsform den Hauptakzent trägt. Die Vertheoretisierung des Lern-

stoffes auch für Begabungsformen dieser Art führt zu viel gefährlicher und künstlicher Entmutigung großer Teile der jungen Generation, schränkt die Möglichkeit zu weiterführenden Abschlüssen ein und ist ein gefährlicher Faktor, der bei manchen Jugendlichen dazu führt, daß sie auf dem Boden von Schulmißerfolgen und blockierten Zukunftswünschen ins Schleudern, ins ‚Ausflippen' geraten.
Standortbestimmung heißt: Die Vermittlung der historischen, geographischen, biologischen, psychologischen, religiös-konfessionellen, politischen Lokalisation der Startrampe ins Erwachsenenalter für den einzelnen jungen Menschen unseres Kulturkreises. Dabei sollte es zur Pflicht der Schule gemacht werden, sich jeder Indoktrination der Schüler zu entheben. Die Schulbücher müßten einer gezielten Durchsicht darüber unterzogen werden, und es müßten alle diejenigen entfernt werden, die in dieser Weise manipulatorisch tendenziös sind. Lehrer, die gegen ein neu zu erlassendes Schulgesetz dieser Art verstoßen, sollten entlaßbar sein. Eltern, Lehrer und Schüler sollten in den Stand verantwortungsbewußter gegenseitiger Beschützer, gewissermaßen in ein gemeinsames Wächteramt gehoben werden.

d) Medienkontrolle

Tendenziöse Gefährdungen zu verringern, das ist freilich eine Aufgabe zur Sanierung der jungen Generation, die nicht auf die Schule beschränkt bleiben dürfte. Schwerpunkte müßten in der Lehrerausbildung wie auch durch Medienüberwachung gesetzt werden. Dazu sollten neue Kontrollinstanzen ins Leben gerufen werden, die diese Arbeit hauptamtlich versehen und mit erheblichen Befugnissen ausgestattet sind. Es ist unzulässig, aus Angst vor Machtmißbrauch solcher Instanzen, aus grundsätzlicher Allergie gegen die Kontrolle eine derartige Beaufsichtigung zu unterlassen. Unsere modische Kontrollangst im Hinblick auf die Medien zeigt, wie die Gefahr seelischer Beschädigung in der jungen Generation verdrängt worden ist. Dieser Prozeß beruht auf der ideologischen Fehlvorstellung, daß Kinder und Jugendliche quasi fertige Geschöpfe seien, denen – da sie laut Gleichheitsideologie mit den Erwachsenen gleichberechtigt sind – uneingeschränkt „Information" aller Art zuzumuten sei. Das widerspricht aber kinderpsychologischer Erfahrung über die emotionale Beeindruckbarkeit gesunder Kinderseelen. Nicht im mindesten haben Psychoschocker und Pornographie auf Kinderseelen langfristig keine schädliche Wirkung. Sie können sehr wohl daran seelisch erkranken oder zu negativem Verhalten beeinflußt werden. Der Mensch ist ein „Freigelassener der Natur", d. h., er ist darauf angewiesen, in seinem langen Werdegang durch die Kindheit hindurch Orientierungsmarken für sein Leben, und das heißt sittliche Wegweiser durch die Umwelt zu erhalten. Deshalb ist bereits eine schrankenlose Pluralität im Medienangebot für Kinder falsch, denn sie verhindert, daß das Kind eine Sicherheit in der Unterscheidung von Gut und Böse erhält, die es für sein Erwachsenenalter dringend braucht; es wird sonst unsicher, unglücklich, ja anfällig für die Nachahmung des ihm Schädlichen, für die Übernahme destruktiver, krankmachender Ideen. Geistige Vergiftung der Jugend in den Nachmittags- und frühen Abendprogrammen des Fernsehens, des Rundfunks und der Jugendzeitschriften bedarf dringend der verantwortungsbewußten Eliminierung. Der Maßstab dafür sollte aus dem Gesichtspunkt der Verantwortung für ein seelisch und geistig gesundes Aufwachsen der jungen Generation gewonnen werden. Es liegt genug Erfahrungswissen in der Pädagogik und der Psychopathologie des Jugendalters vor, um unvoreingenommene sachlich-bemühte fachliche Instanzen zu befähigen, das Schädliche vom Nützlichen abzutrennen.

Literatur

Aichhorn, A.: Verwahrloste Jugend, Bern 1951.

Anzinger, W.: Sexualerziehung, in: Rausch, E. und W. Anzinger, Wörterbuch Kritischer Erziehung, Starnberg [4]1973, S. 325–329.

Bowlby, J.: Maternal Care and Mental Health World, Health Organization, Monographie Series No. 2 1952.

Bräuhäuser, M.: Die Butterlampe am Hausaltar, Literaturblatt, FAZ Nr. 121, 1972.
Brezinka, W.: Erziehung und Kulturrevolution. Die Pädagogik der Neuen Linken, München 1972 [6]1981.
Bronfenbrenner, U.: Erziehungssysteme. Kinder in den USA und der Sowjetunion, München 1973
Busch, W.: Plisch und Plum, in: Wilhelm Busch, Gesamt-Ausgabe, hrsg. von O. Nöldecke, München 1943
Dührssen, A.: Psychogene Erkrankungen bei Kindern und Jugendlichen, Göttingen 1954
Flad-Schnorrenberg, B.: Der wahre Unterschied, Freiburg/Br. 1978
Freud, S.: Drei Abhandlungen zur Sexualtheorie, 1905, in: Gesammelte Werke Bd. V, Frankfurt/M. [3]1961, S. 27–145
Hofstätter, R., in: Die Welt, Nr. 64, 1980.
Ich habe ein unheimlich befreiendes Gefühl, in: Der Spiegel Nr. 52, 1980, S. 33–52.
Kentler, H.: Sexualerziehung, Reinbeck 1970.
Marcuse, H.: Repressive Toleranz, in: Wolf, R. P., Moore, B., Marcuse, H., Kritik der reinen Toleranz, Frankfurt/M, 1966, S. 93–128.
Ders.: Konterrevolution und Revolte, Frankfurt/M. 1973:
Merz, F.: Geschlechterunterschiede und ihre Entwicklung, Göttingen 1979.
Meves, V.: Verhaltensstörungen bei Kindern, München 1971, [6]1976.
Dies.: Der Weg zum sinnerfüllten Leben, Freiburg/Br. 1979.
Dies.: Erziehen lernen in tiefenpsychologischer Sicht, München [6]1980.
Dies.: Anima – Die Frau zwischen Verfremdung und Entfaltung, Kassel 1979.
Meves, C. und J. Illies: Dienstanweisung für Oberteufel – Wieviel Verführung verträgt ein Volk?. Freiburg/Br. 1981.
Meves-Schetelig, U.: Biologische und psychologische Aspekte der Mutter-Kind-Beziehung beim Menschen, Inaugural-Dissertation, Kassel 1980.
Neuer, W.: Mann und Frau in christlicher Sicht, Gießen, 1981
Riemann, F.: Grundformen der Angst, München/Basel 1961, [11]1976.
Sadoun, K., V. Schmidt, E. Schultz (Hrsg.): Berliner Kinderläden, Köln 1970.
Schetelig, H.: Frühkindliche Deprivation als Ursache einer sozialen Behinderung, in: Das öffentliche Gesundheitswesen, Heft 9, S. 409–456, 1981.
Sewig, N. J.: Einige Bemerkungen und Materialien zur Situation der Sexualerziehung in der Bundesrepublik, in: Ästhetik und Kommunikation, 2. Jg., 1971, Heft 3, S. 5–11.
Schwidder, W.: Neoanalyse, in: Handbuch der Neurosenlehre und Psychotherapie Bd. III, München – Berlin 1959.

HEINZ-DIETRICH ORTLIEB

Rückschau 1981

Generationswechsel in unserer „Bildungsgesellschaft"

> „Die Generation ist mit der Struktur des menschlichen Lebens in einem bestimmten Augenblick identisch. Man kann nicht versuchen zu erfahren, was wirklich in diesem oder jenem Zeitpunkt geschah, wenn man nicht vorher feststellt, welcher Generation dies geschah; d. h. innerhalb welcher Form menschlicher Existenz es sich ereignete. Ein und dasselbe Ereignis, das zwei verschiedenen Generationen zustößt, stellt eine ganz verschiedene vitale und deshalb historische Tatsache dar."
>
> *Jose Ortega y Gasset*

> „Es gibt eine höchste Lebensform, und diese Lebensform heißt, in Freiheit zu dienen."
>
> *Theodor Fontane*

I. Der Generationswechsel

Das Risiko der Freiheit

Es entspricht einer allgemeinen menschlichen Erfahrung, daß der Abbau autoritärer paternalistischer Herrschaft den „Befreiten" nur hilft, wenn die letzte Phase der Bevormundung mit Erfolg für die Vorbereitung auf ihre selbständige Existenz verwendet wird. Dies ist um so wichtiger, je größer die Anforderungen sind, welche die natürliche und soziale Umwelt an die Menschen stellt, d. h. je mehr eigene Gestaltungsfähigkeit die Umwelt abverlangt, in welche die „Befreiten" entlassen werden. Fehlt eine solche Vorbereitung, dann erweisen sich die der Selbstentscheidung Überantworteten allein meist als gestaltungsunfähig; sie geraten in neue Abhängigkeiten oder gehen sogar zugrunde. Dieses Gesetz gilt gleichermaßen für die

Emanzipation junger Menschen, sozialer Gruppen und ganzer Völker. Daß es kaum Beachtung fand, war wohl der Hauptgrund, weshalb Revolutionen und Reformen, an ihren vorgegebenen Zielen gemessen, häufig scheiterten, selbst wenn sie zu einem Abbau der alten Herrschaft führten.

Was die emanzipatorische Polemik fanatischer Freiheitskämpfer, ob nun als Teenager oder als Führer sozialer oder völkischer Gruppen, immer unbeachtet läßt, ist, daß – von ausgesprochen korrupten und dekadenten Phasen abgesehen – autoritäre Machthaber auch Ordnungsfunktionen wahrnehmen, mit denen sie nicht nur ihre Privilegien, sondern gleichzeitig disziplinierend die Lebensgrundlage aller anderen mehr oder weniger mit sichern. Aus dieser polemischen Blindheit reiner Emanzipatoren erklärt sich zum guten Teil, weshalb man sich nach einer Revolution so schwertut, eine Gesellschaft freigesetzter Individuen wieder ausreichend zu disziplinieren.

Es ist nun symptomatisch für den geistigen und moralischen Zustand unserer westlichen Wohlstandsgesellschaften, daß bei uns auf allen drei Ebenen gegen dieses Entwicklungsgesetz verstoßen wird. So wie in den Familien die Eltern ihre Kinder allzu sehr sich selbst überlassen, fühlen sich unsere Regierungen unter dem Einfluß vermeintlich progressiver Meinungsmacher in ihrer Gesellschaftspolitik zu immer mehr Basisdemokratie verpflichtet und perfektionieren immer mehr soziale Sicherheit, ohne in der Erziehung, Bildung, Information und Kontrolle der Staats- und Wirtschaftsbürger dafür zu sorgen, daß es zu keinem zunehmenden Mißbrauch der Freiheitsrechte kommt. Im Gegenteil wird vieles getan, um schon die Jugend statt zu Kooperationsbereitschaft, Selbstkontrolle und Selbstkritik zu erziehen, lieber zu immer mehr Konfliktbereitschaft in der Verfolgung der eigenen, nicht selten selbstzerstörerischen Interessen anzuhalten, so als gelte es, bei uns Revolutionen einzuleiten, nicht aber ein Mehr an Demokratie funtionierbar zu machen. (Ähnliches gilt auch für den Nord-Süd-Konflikt in der Weltpolitik, wo auch nicht gefragt wird, ob die „südlichen Völker“ selbständig genug sind, um mit der Entwicklungshilfe etwas anfangen zu können.)

Der kritische Punkt, von dem aus solche Emanzipationsbestrebungen die Existenzfähigkeit einer Gesellschaft untergraben, ist überschritten, wenn das Freiheitsverlangen von Individuen und Gruppen sich mit Erfolg nicht mehr bloß gegen den Mißbrauch von Führungsmacht wendet, sondern diese schlechthin abzuschaffen sucht, um die Macht der verantwortlichen Wenigen durch die der verantwortungslosen Vielen zu ersetzen. Der Staat verliert damit Kraft und Fähigkeit, als oberste Instanz gesellschaftlich zu koordinieren; und in der Gesellschaft und Familie weiß man nicht einmal mehr, was zu tun ist, damit die nächste Generation noch lebensfähig bleibt. Dieser Punkt ist meist erreicht, wenn der Wohlstand eine Generation überdauert, so daß Jahrgänge vorherrschend werden, die selbst keinerlei Entsagung mehr gekannt haben.

Wir dürfen nämlich nicht vergessen, daß wir Menschen als biologische Wesen seit Tausenden, ja seit Millionen von Jahren physisch und psychisch auf Not vorprogrammiert sind. Das Wort „Not" aber heißt Zwang und Bedrängnis; es ist das Gegenteil von Freiheit und Wohlleben. Wir Menschen sind also als Gattung darauf hintrainiert, unter Zwang und Bedrängnis zu leben und uns mit diesem Zustand instinktiv und rational auseinanderzusetzen, um ihn uns nach Möglichkeit vom Halse zu schaffen. Wir sind aber nicht gewöhnt, ohne diese Auseinandersetzung zu leben. Wenn wir auch mit einem gewissen Recht, Freiheit und Wohlstand zu obersten Zielen erheben, so dürfen wir doch nicht verkennen, daß es Ziele sind, die wir nie vollständig und auf längere Sicht erreichen dürfen, weil sie sonst wie Mittel des Rausches oder der Einschläferung für uns existenzgefährdend werden.

Gelingt es uns Menschen einmal, die Not für mehr als eine Generation zu überwinden, so finden sich früher oder später Minderheiten, die für fehlende Not Ersatz zu beschaffen wissen, selbst wenn sie dabei eine Katastrophe heraufbeschwören, die sie alle vernichtet. Die Geschichte liefert eine Fülle von Beispielen, wie privilegierte Völker und Schichten an zu viel Freiheit zugrunde gingen, wobei meist offen blieb, ob sie ihre Privilegien schließlich nicht mehr verteidigen konnten oder dies gar nicht mehr wollten, weil sie auf einen Zwang zu neuer Bewährung erpicht waren.

Diese Überlegung wirft ein nicht gerade günstiges Licht auf die Tatsache, daß es niemals in der Geschichte mehr Wohlleben und mehr Freiheitsrechte als in westlichen Wohlstandsgesellschaften gegeben hat. Und schon macht sich als Symptom für die Instabilität unserer Ordnung eine zweideutige Haltung der Bürger zu den Errungenschaften des eigenen Systems bemerkbar. Dies besonders bei jüngeren Jahrgängen, die nichts als Wohlstand gekannt haben und die Voraussetzungen seines Fortbestandes nicht mehr bedenken, auf jeden Fall dafür nicht mehr in Leistungspflicht genommen werden wollen.

Wir Menschen sind eben keine distanziert rational handelnden Wesen. Vielmehr neigen wir dazu, meist in klischeehaft vereinfachenden, gegensätzlichen und mit emotionalen Wertungen behafteten Vorstellungen zu denken. Die Emotionalisierung dieser Vorstellungen, d. h. unser individuelles Vorprogrammiertsein, stammt für den einzelnen und seinen Jahrgang in erster Linie aus dem, was er persönlich unter Leiden und Freuden häufig schon in frühester Kindheit erlebt hat. Von dem, was er im Laufe des Lebens aus zweiter Hand vom Hörensagen oder aus einem einstudierten Wissen kennt, läßt er meist nur das gelten, was das Sieb der eigenen Voreingenommenheiten passieren konnte.

Daraus erklärt sich, daß historische Erfahrungen oder zunehmende Kenntnisse über den Menschen, über die wir heute bereits verfügen könnten, sich als weitgehend nutzlos erweisen, weil sie für einen haltbaren Fortschritt in Wirtschaft und Gesellschaft aus irrationalen Gründen nicht anwendbar sind. Das macht auch die unterschiedliche Reaktion von verschiedenen Generationen auf gleiche Situationen verständlich. Jahrgänge, die als Kinder schon den ersten Weltkrieg, als Erwachsene die Nazizeit und den zweiten Weltkrieg erlebt haben, verfügen über eine ganz andere Erlebniswelt, haben einen ganz anderen Erfahrungshorizont. Sie leben daher auf einer anderen „Realitätsebene" (Karl Mannheim) als jene Jahrgänge, die nichts als Wohlstand gekannt haben.

Empirische Untersuchungen amerikanischer Wissenschaftler konnten dies bestätigen. „Viele Analytiker des politischen und kulturellen Verhaltens haben betont", berichtet S. M. Lipset, „daß die Menschen dazu tendieren, in später Kindheit oder früher Jugend einen bestimmten Bezugsrahmen auszubilden, an dem weitere Erfahrungen gemessen werden, d.h., die ersten prägenden Erfahrungen sind die wichtigsten ... Die Erkenntnis, daß es Generationsdifferenzen in den Perspektiven gibt, ist nicht bloß relevant für die Analyse irgendeiner gegenwärtigen Situation. Denn das wichtigste an Generationen ist, daß sie weiterleben ... Eine Meinungsumfrage nach Haltungen und politischen Einstellungen bei jüngeren Mitgliedern des japanischen Wirtschaftsmanagements ergab, daß die Mehrzahl dieser führenden Leute ... für eine relativ radikale marxistische Partei votierte. Anscheinend werden die meisten japanischen Jugendlichen, die eine Universität besuchen, Anhänger einer Spielart des Marxismus oder des Radikalismus. Das ändert sich nicht, auch wenn sie in der Industriebürokratie oder Regierung in Karrieren einsteigen, die sie bis hoch in die Elite der japanischen Gesellschaft tragen können.

Die japanischen Untersuchungsdaten stehen in direktem Widerspruch zu jenem Satz, der häufig in verschiedenen Ländern zu hören war: ‚Wer mit 20 nicht radikal ist, hat kein Herz, wer mit 40 noch radikal ist, hat kein Hirn!' Dieser Ausspruch drückt den allgemeinen Konsensus aus, daß die Jugend unverantwortlich und radikal sein mag, daß sie aber bei zunehmendem Alter verantwortungsvoller und konservativer wird. Zweifellos hat diese Verallgemeinerung ein beachtliches Maß an Richtigkeit."

Jedoch nur in begrenztem Umfang; denn Lipset bemerkt etwas später zum Erfolg der sowjetrussischen Revolution: „Es gibt wenig Daten darüber, was in Rußland Studenten, die früher radikal waren, später taten; aber klar ersichtlich ist die Möglichkeit einer Beziehung zwischen Radikalismus der russischen Studenten (um die Jahrhundertwende) und der Schwäche der

Eliten im Jahr 1917." Und über sein eigenes Land schreibt er 1970:

„Gegenwärtig bewegt sich in den USA eine radikalere Studentengeneration allmählich auf die unteren und z. T. höheren Ränge wichtiger Gesellschaftskreise zu. Es ist deshalb wahrscheinlich, daß die heutige Generation radikaler Studenten auch in 10, 20 oder 30 Jahren in vielen Ländern auf die große Politik einwirken wird. Ihre Eliten werden verhältnismäßig viel mehr Liberale oder Linke aufweisen als heute; und deren Bild von den USA und ihrer Rolle in der Welt wird sich sehr von dem früherer Generationen unterscheiden."

Sollte Sipset recht haben, so dürfte die Regierung Reagan eher ein Intermezzo als eine Tendenzwende darstellen; es sei denn, die tiefen internationalen Demütigungen, welche die USA nach dem Vietnam-Mißgeschick besonders unter der Regierung Carters erfahren haben, hätten noch stärker umprägende Wirkungen als der Vietnam-Krieg erzielt.

Offenbar kann die Vorprägung durch Generationserfahrung aber auch eine Generation überspringen, indem die Eltern ihre Vorprägung an die Kinder weitergeben. Lipset verweist in diesem Zusammenhang auf Untersuchungen, die ergaben, daß die gegenwärtige Generation der studentischen Aktivisten oft Kinder von Leuten sind, die früher bei radikalen Bewegungen selbst aktiv waren. Kenneth Keniston habe von den „roten Wickelkindern" gesprochen, denen Ideale vermittelt werden, die diese dann in die Tat umzusetzen versuchen, Ideale, die aus den politisch entscheidenden Jahren der Eltern stammten.

Das Nazitrauma

Das für uns in Deutschland bedeutsame Generationserlebnis war zunächst das des Nationalsozialismus. Es betraf wegen seiner Penetranz aber nicht nur diejenigen, die sich im Jugendalter befanden, als es geschah, sondern mehr oder weniger alle Jahrgänge, soweit sie als Emigranten „innerer" oder „äußerer" Variante, als widerwillige Mitläufer oder enttäuschte Anhänger nachhaltig „geprägt" wurden. Es betraf auch und oftmals gerade diejenigen, die sich im „Dritten Reich" ganz wohl gefühlt hatten und zu hohen Ehren gekommen waren, später aber aus bösem Gewissen verstummten oder sich in der Rechtfertigung oder Verurteilung der Vergangenheit besonders hervortaten.

So konnte ich schon Mitte der sechziger Jahre im Rückblick auf Theorie und Praxis der Staats-, Gesellschafts- und Wirtschaftspolitik in unserer Bundesrepublik feststellen: „Daß wir mit einer so komplexen Aufgabe nicht fertig werden, wäre nicht so schlimm, wenn es ‚nur' um die sogenannte Bewältigung der Vergangenheit ginge, und wenn es sich ‚bloß' darum handeln würde, daß es gelegentlich im intriganten Machtkampf von Personen und Gruppen zu Unrecht oder aus zweifelhaften Motiven zu diffamierenden Unterstellungen käme. Noch viel schlimmer ist, daß diese moralische und intellektuelle Schwäche uns ständig in die Gefahr bringt, auch an unseren Gegenwartsaufgaben theoretisch und praktisch wieder zu versagen."

Da es bei uns zu einer Art Gesellschaftsspiel des guten Tons und der moralischen Rechtfertigung wurde, keinen Zweifel an der eigenen Distanz zur totalitären Vergangenheit und damit zu jeder Abart eines totalitären Systems zu lassen, fielen wir dem ewig wiederkehrenden menschlichen Irrtum zum Opfer zu meinen, das Entgegengesetzte eines überwundenen Extrems müsse von allen Mängeln frei sein. Nichts fällt Menschen bekanntlich schwerer als zu begreifen, daß die praktisch bedeutsamen Gegensätze nicht in den Extremen liegen; denn „Les extrèmes se touchent!" Vielmehr steht im praktischen Leben den falschen Wegen und Haltungen, welcher extremen Richtung auch immer, der ebenfalls nie als Patentrezept gegebene, sondern aus Versuch und Erfahrung immer neu zu findende Mittelweg gegenüber.

Auf diese Weise stolperten wir vom kollektivistischen Irrweg der Vergangenheit in den Grundirrtum eines extremen Individualismus. Wir vergaßen, daß wir auch als Einzelwesen nur menschenwürdig in einem Gemeinwesen existieren können, das wir tragen helfen, um von ihm getragen zu werden; und unsere politische Führung wurde immer unfähiger zu erkennen, daß gerade in der großorganisierten Welt unserer Wirtschaftsgesellschaft die libertine Freiheit des Tun-und-Lassen-Könnens sehr bald wieder verloren gehen muß, wenn wir nur ihr zugewandt sind; daß wir dann das Verständnis für den Umgang mit den Sachzwängen unserer Welt verlieren und unter die Herrschaft sozialer Massengesetze, wirtschaftlicher Mechanismen oder sogar wieder unter die Gewalt totalitärer Systeme geraten müssen.

Vielleicht hätte man in den sechziger Jahren mit einem Abflauen dieser psychologischen Dialektik und einer „Bewältigung“ des totalitären Schocks rechnen können, wenn nicht die „anarcholiberalen und neomarxistischen Wickelkinder“ in den Jahrgängen der Twens und Teens als Veranstalter und Träger der Studentenrevolte aufgetaucht wären. Unter diesen Jahrgängen, soweit sie nicht einfach dem Zeitgeist von Wohlstandskindern anheimfielen, waren viele, die meist unbewußt nachholten, was ihre Eltern gern gelebt hätten, aber unter dem Druck des totalitären Staates nicht hatten ausleben können, oder die sühnen zu müssen glaubten, was ihre Eltern damals gesündigt hatten, aber nicht mehr sühnen konnten oder wollten. Doch wären in unserer Öffentlichkeit „rosa und rot gefärbte Wickelkinder“ wohl kaum so vorherrschend geworden, wenn sie nicht auch in erster Linie Wohlstandskinder gewesen wären und mit einer älteren Generation zu tun gehabt hätten, die aus dem Doppelerlebnis der Nazi-Katastrophe und des Wirtschaftswunders in ihrer Urteils- und Reaktionsfähigkeit weitgehend behindert war.

Nachfaschisten und Wohlstandskinder

Unzweifelhaft ist ein Zusammenhang zwischen der Führungs- und Reaktionsschwäche des Establishments und der Tatsache festzustellen, daß Ende der sechziger Jahre mit den 40- bis 50jährigen in Westdeutschland die Generation der ehemaligen Hitlerjungen in die Schaltstellen der Macht einrückte. Vielen dieser Generation, die im entscheidenden Alter eine autoritäre Erziehung erfahren hatten, wurde später mit dem Hinweis darauf ein böses Gewissen eingeredet. Andere waren schon im Nazireich gegen jede Art einer Manipulation von oben allergisch geworden. Daraus ließe sich die verstärkte Entscheidungsunsicherheit und Hilflosigkeit gegenüber Ansprüchen von unten und gegenüber einer überheblichen Kritik von links ebenso ableiten, wie die auch unter Älteren weit verbreitete Neigung zu einem nicht immer sich selbst eingestandenen Sympathisieren mit anarcho-liberalen Zeiterscheinungen. Zum Teil ist daraus wohl überhaupt jene üblich gewordene kompaßlose Toleranz beim Establishment und seinem Nachwuchs zu erklären, nach der ein guter Demokrat heute nicht mehr selbst nach bestem Wissen und Gewissen entscheidet, sondern nach allen Seiten wittert und mit dem Strom der Zeit schwimmt. Diese Unsicherheit konnten sich dann um so selbstgewissere Linksintellektuelle zunutze machen, indem sie (wie Hochhuth) alles daran setzten, eine Renaissance des Antifaschismus in Gang zu bringen. Ihr Ziel war, mit dem „braunen Knüppel" der Diffamierung verantwortliche Politiker in ihrer Reaktionsfähigkeit zu lähmen oder ihre Entscheidungen in die gewünschte Richtung zu lenken.

Aber wie hätte es auch anders sein können, wenn in den letzten Jahrzehnten kaum etwas in Elternhäusern und Schulen ebenso wie in der Öffentlichkeit geschehen war, um sich mit dem Verhalten der Menschen unter der Herrschaft des Nazismus realitätsnah auseinanderzusetzen. Soweit man diese Vergangenheit nicht einfach ignorierte oder gar zu zweifelhaften Rechtfertigungen seine Zuflucht nahm, begnügte man sich mit simplen Diffamierungen. Damit drückten sich die Kritiker jener totalitären Zeit um das Schwierigste, aber pädagogisch Wichtigste herum. Sie vergaßen nämlich zu zeigen, wie auch ein ganz normaler Mensch Nationalsozialist werden konnte, ja wie gerade idealistisch gesonnene junge Menschen aufgrund bestimmter politischer Umstände und besonderer persönlicher Erlebnisse von jener Ideologie angesprochen werden konnten.

Da eine überzeugende Auseinandersetzung unterblieb, muß man heute mit Erschütterung beobachten, wie gerade die Kinder von prominenten Nazis oder Nutznießern jenes Systems (nicht selten adliger Herkunft und nicht bloß der SPD nahestehend), offenbar um die Sünden der Väter bzw. die eigene Mittäterschaft zu sühnen, sich einem pseudoprogressiven Anarchismus oder Egalitarismus (Hessische Rahmenrichtlinien) verschreiben oder doch unfähig sind, einem solchen dubiosen Antibild zum Nazismus überzeugt und überzeugend entgegenzutreten. Wenn die Auseinandersetzung mit der Nazi-Vergangenheit weniger klischeehaft gewesen wäre, wenn sie zu plastischer Realitätsnähe den Mut gefunden hätte, würde auch unserer heutigen Jugend verständlicher gemacht werden können, daß sie mit ihren nihilistischen und utopischen Neigungen auf dem besten Wege ist, ähnliche Fehler wie die rechts- und linksradikale Jugend der Weimarer Republik zu machen.

Eine Generation der Hitlerjungen mußte sich in unserer Zeit nun besonders schwertun, weil eine freiheitliche Wohlstandsgesellschaft keineswegs jeder Autorität entraten kann, sondern im Gegenteil einer ausgesprochen selbstsicheren, durchsetzungsfähigen Führung bedarf, damit den Einschläferungstendenzen und den libertinen Verführungen, die jeder Wohlstand in sich trägt, begegnet wird. Je mehr nämlich der Wohlstand sich und die Gesellschaft demokratisiert, je mehr man sich von oben und unten im Lebensstil näher kommt, desto stärker wachsen neidvolle Ansprüche auf noch weiter gehende Gleichstellung. Gleichzeitig wächst aber auch das böse Gewissen des Bessergestellten darüber, daß es andern überhaupt schlechter geht.

Schon aus dem Wohlstand selbst wachsen also Zweifel, ob hierarchische Unterschiede an Ansehen, Macht und Einkommen überhaupt noch not tun, ob also absolute Gleichheit und völlige Minimierung von Ordnung nicht ein erstrebenswertes und realistisches Ziel wäre. Gibt es doch heute sich für urteilsfähig haltende Leute, die sogar ernsthaft davon überzeugt sind, daß sich in absehbarer Zeit ein Straf- und Ordnungsrecht ganz abschaffen ließe. – Es bedarf daher nicht einmal einer Hitlerjungen-Generation, um eine Führungsauslese entstehen zu lassen, bei der opportunistische Anpassungsbereitschaft ein wichtigeres Kriterium für die Führungsauslese wird als Sachorientiertheit, Entscheidungsfreudigkeit und Zivilcourage.

Doch ein anarchistischer Abbau aller Kontrollen in einer Leistungsgesellschaft, eine Demokratisierung aller gesellschaftlichen Bereiche und ein darauf ausgerichtetes Engagement aller angeblich progressiv Gesonnenen, obgleich im Gegensatz zu dem befindlich, was der Nazismus propagierte, müssen zum gleichen chaotischen Endergebnis wie das System des Nationalsozialismus führen. Da aber totale Demokratie für etwas Gutes, mit dem Nazismus aber auch alle von ihm angewandten Ordnungsmittel für etwas Böses gehalten werden, wagt keiner mehr, antifaschistischen Demokratismus und Nazismus für gleich fragwürdig zu halten oder dies gar auszusprechen.

Die Hoffnung, daß es damit unter den „weißen Jahrgängen", die den Hitlerjungen heute allmählich folgen, besser bestellt sein wird, weil sie durch keine eigenen Erinnerungen an die Nazizeit bedrückt werden, wäre mehr als leichtfertig. Denn aus den Jahrgängen sind offenbar weit mehr noch als unter ihren Vorgängern unfähig zu begreifen, wo und weshalb gerade eine freiheitliche Gesellschaft staatlicher Führungsautorität bedarf, soll sie nicht dank einer pseudohumanitären Begriffsverwirrung gänzlich steuerungsunfähig werden. Diese Jahrgänge, die nichts als Wohlstand am eigenen Leibe erfahren haben, leben wie Alice im Wunderland. Für sie gibt es keine Sachzwänge mehr, die man respektieren muß. Alles gilt für politisch machbar. Sie glauben, moralisierenden Überschwang beliebig mit opportunistischer Anpassung verbinden zu können und bemerken nicht, daß es gerade die Vernachlässigung von Sachzwängen ist, die Katastrophen unausweichlich macht. Von dieser bemerkenswerten „Realitätsebene" aus urteilen und entscheiden gerade diejenigen, die nach der heute üblich gewordenen Auslese in Führungspositionen gelangen.

Unsere Zukunft wird dadurch bedrohlicher und ungewisser als nötig. Wir werden mit ihren Problemen nur fertig werden, wenn unsere „politischen Generationen" durch ihre Vorprägung nicht bereits zu Marionetten geworden sind, die jede Lernfähigkeit verloren haben. Sonst wird uns aus Chaos und

Gewalt eine neue Katastrophe nicht erspart bleiben; und was dabei am Ende herausschaut, weiß man in der heutigen Welt weniger denn je.

II. Von der Bildungs- zur Mißbildungsgesellschaft

Als Mitte der sechziger Jahre Georg Picht vor der Bildungskatastrophe warnte und Ralf Dahrendorf sein Bürgerrecht auf Bildung proklamierte, war es zweifellos ihre Absicht, so etwas wie eine Bildungseuphorie in Gang zu setzen. Doch hatten sie und ihre Kombattanten zu wenig Distanz zu ihrem eigenen Vorhaben, um zu begreifen, daß gerade bei Bildungsreformen jeder irrationale Überschwang gefährlich ist. So war es ihnen bestimmt, keine Bildungsgesellschaft zu verwirklichen, sondern einer leistungsfeindlichen, selbstzerstörerischen Mißbildungsgesellschaft zum Leben zu verhelfen. Es hätte damals durchaus vernünftig sein können, den allzu materiellen Werten unserer Konsumgesellschaft Bildungsideale entgegenzusetzen, wenn nicht der Zeitgeist den emanzipatorisch egalitären Sturm und Drang der APO mit sich gebracht hätte, einer Revolte junger Intellektueller, welche die Bildungsreform „anführten", indem sie diese zum wichtigsten Vehikel für ihre kultur- und sozialrevolutionären Ziele machten.

Da die Bildungsreform mit dem Entschluß der sozialliberalen Koalition zusammenfiel, mehr antiautoritäre Basisdemokratie zu wagen, lieferte man die Hochschulpolitik und später andere lebenswichtige Entscheidungen der Straße aus und machte das Studium aus einer Vorbereitung auf einen Beruf zu einer besonderen Lebensphase mit quasi revolutionärem Auftrag. So wurde hier Bildung zu etwas ausschließlich Intellektuell-Theoretischem, das keineswegs den alltäglichen Existenzproblemen unseres Gemeinwesens verpflichtet sein sollte, sondern der „Selbstverwirklichung" des einzelnen nach dessen Belieben überlassen wurde. Daß die Bildungsreform diese Richtung nahm, daran war der extensivste Propagandist der Bildungsgesellschaft Ralf Dahrendorf selbst nicht unschuldig.

Während Picht unseren wirtschaftlichen Fortschritt durch den Bildungsrückstand gefährdet glaubte, war Dahrendorf – weit entfernt davon, gegen Gewinn und Genußmaximierung zu Felde zu ziehen – von libertären Vorstellungen bewegt, die breiten Massen durch Intellektualisierung zu beglücken und dafür vor allem die Begabungsreserven in der Arbeiterjugend auszuschöpfen. Seine vielfältigen einschlägigen Publikationen lassen eine auch für seine intellektuellen Schicksalsgenossen typische Blindheit gegenüber den Existenzbedingungen individueller Freiheit und ihren Selbstgefährdungen (besonders aus einer zwangsweise verordneten intellektualisierenden Bildung) erkennen. Für Dahrendorf ist es offensichtlich kein bedrohliches Problem, wie Freiheit durch Entbindung von lebenswichtigen Pflichten in der Praxis sich selbst gefährden kann und wie leicht sie Menschen nicht nur entglückt, sondern auch verunglücken läßt; wenn er auch klug genug ist, sich durch Mentalreservationen ständig abzusichern. Dem entspricht, daß er in seiner soziologischen Forschung gerne mit dem „Konfliktmodell einer Gesellschaft" operiert, in dem – wie er es selbst formuliert „nicht Konflikt und Wandel, sondern Stabilität und Ordnung der pathologische Sonderfall des sozialen Lebens sind"; was Wolfgang Brezinka zu der treffenden Bemerkung veranlaßt hat: „Wenn Stabilität und Ordnung in einer Gesellschaft als krankhafter Sonderfall ausgegeben werden, dann wird man auch in jene Situationen und Sozialbeziehungen ‚latente Konflikte' hineindeuten, in denen keiner der Beteiligten sie bisher erlebt hat." Eine solche träge Unempfindlichkeit gegenüber gerade heute offen zutage tretenden Problemen legt den Verdacht nahe, daß bei Dahrendorf frühe schockhafte Erlebnisse eine Allergie gegen jede Art von Fremdkontrolle hervorgerufen haben. So werden Angst und Wunsch zu Vätern des Gedankens. In der Tat hat Dahrendorf, als Jugendlicher von den Nazis gefangengesetzt, einen Schock erlitten, der ihn offenbar schicksalhaft unfähig macht, eine Gefährdung der Freiheit durch sich selbst oder von links, als ernsthaft gegeben, zu realisieren. Infolge dieser traumatischen Vorprägung mußte der Theoretiker Dahrendorf zwangsläufig in einer „Doppelstrategie" seine eigene Idee von der Bildungsgesellschaft torpedieren, indem er *erstens* selbst zu einem Anreger jener emanzipatorischen Bewegung wurde, welche die Bildungsreform praktisch zu einem totalen Nonsens pervertieren mußte und indem er *zweitens* in seinem Bildungskonzept selbst zu unkritisch mit den Realisierungsmöglichkeiten seiner Freiheits- und intellektuellen Gleichheitsvorstellungen umging.

Was Dahrendorfs Anregerfunktion betrifft, so stellte Helmut Schelsky schon 1975 in seinem Buch „Die Arbeit tun die andern" zutreffend fest: „Dahrendorf ... hat ... als wahrscheinlich wirksamster Anreger seiner Generation deutscher Sozialwissenschaftler alle die Fragestellungen in die Welt gesetzt oder neu belebt, die zur politischen und neuideologischen Herrschaft der Linken, der Neomarxisten und der Sozialreligiösen geführt haben, mit denen er sich allerdings politisch nie identifiziert hat. So hat er den schon überwundenen Klassen- und Klassenkampfbegriff in der deutschen Soziologie theoretisch wieder belebt (ohne Marxist zu sein), so hat seine Überbetonung der Konfliktbeziehung im sozialen Leben zu eben den Konfliktanweisungen der Hessischen Rahmenrichtlinien geführt (von denen er sich wegen Niveaulosigkeit distanzierte), so hat seine Forschung über die ‚funktionalen Eliten' eben den Grundton der Anklage gegen das ‚Establishment' angestimmt, das dann die APO-Protestierer als kümmerliche Feinddefinition benutzten (und denen Dahrendorf in einer offenen Diskussion mit Dutschke widersprach), so hat er eben die diffamierende Rechtssoziologie gegen die deutsche Justiz eröffnet (‚Klassenjustiz'), die heute zur neomarxistischen Umfunktionierung der Rechtsstaatlichkeit dient (der er als Liberaler nie zustimmen würde), so hat er das ‚Bürgerrecht auf Bildung' in die Welt gesetzt und damit ‚Bildung' anstelle eines personalen Selbstanspruchs zu eben der an den Staat gerichteten Sozialforderung gemacht, die seitdem unsere Schul- und Hochschulpolitik bestimmt (der er sich, obwohl er hier politische Pläne aufgestellt hat, zugunsten eines außenpolitischen Engagements entzog ...)."

Was aber den Irrealismus seiner Bildungsvorstellungen anlangt, so übersah Dahrendorf, daß sein Verlangen nach absoluter emanzipatorischer Freiheit, das bei einem ehrgeizigen, gerade zum Senkrechtstart ansetzenden jungen Wissenschaftler noch mit Leistungsfreude verbunden war, als Wunsch zwangsweise intellektualisierter pubertärer Massen schnell in leistungsfeindliche Obstruktion als Selbstzweck umschlagen muß, wie wir es dann auch erlebt haben.

Noch in den fünfziger Jahren gehörte zum sozialen Selbstverständnis in der Bundesrepublik die Überzeugung, unsere Leistungsgesellschaft wäre im Begriff, die alte Klassengesellschaft abzulösen. In dem letzteren, zu überwindenden Gesellschaftstyp, waren die Positionen und die Aufstiegsmöglichkeiten des einzelnen mehr oder weniger davon abhängig, in welche Klasse er hineingeboren war. Je stärker aber das klassengebundene Bildungsmonopol gebrochen wurde und der Bildungsaufstieg allen offenstand, desto stärker wandelte sich unsere Gesellschaft zu einer Leistungsgesellschaft, in der jeder seinen Platz gemäß seiner Leistungsfähigkeit und seines Leistungsbeitrags finden konnte.

Auf einer Tagung zur 10-Jahresfeier der Akademie für Gemeinwirtschaft in Hamburg (1958) stimmte Dahrendorf diesem Gesellschaftstyp weitgehend zu: „Daß wir auf das Idealbild einer Leistungsgesellschaft zusteuern, in der nur die durchAusbildung entfaltete Begabung des einzelnen seinen Platz in der Gesellschaft bestimmt, wird von vielen als die schmeichelhafteste Aussage verstanden, die sich über die moderne Gesellschaft machen läßt ..., gehört es doch heute zum unbestrittenen Gemeinplatz unseres sozialen Selbstverständnisses, daß sozialer Aufstieg aufgrund persönlicher Leistung und Qualifikation etwas Gutes, daß daher die Leistungsgesellschaft eine zumindest vergleichsweise gerechte Gesellschaft sei." Er fügte dem einschränkend hinzu: „So sehr nun eine solche ständige Bewegung von einzelnen auf der Grundlage ihrer Leistung als wünschbar erscheinen mag, so wichtig ist es doch, auf die Gefahren einer ‚perfekten Mobilität', die zur ‚flüssigen Struktur der Gesellschaft selbst' wird (Schelsky), hinzuweisen. Auch wenn man dadurch in den Verdacht ‚sozial reaktionärer' Intentionen (Wenke) gerät, für den einzelnen bedeutet Aufstieg oft, ‚daß er die Sicherheit seiner Lebenssituation, die ihm vertraut ist, einbüßt und sie auf den weiteren Stufen seines Aufstiegs nicht mehr zurückgewinnt' (Wenke), also dauernden Schaden an seiner Seele nimmt. Für die Gesellschaft stellt die ‚perfekte Mobilität' eine akute Bedrohung ihrer Stabilität dar, die dann oft in kompensierenden Fanatismen – Nationalismus, Antisemitismus, auch offen oder versteckten Totalitarismus – wieder gewonnen werden soll. Es wäre gleichermaßen gut für die Struktur der Gesellschaft und das Glück der in ihr lebenden Menschen, wenn wir uns daran gewöhnten, nicht jedem soziale Mobilität durch Ausbildung zu wünschen, sondern zwischen dem Minimum einer starren Kastengesellschaft und dem Maximum einer perfekten mobilen Gesellschaft ein Optimum zu suchen."

Doch hat Dahrendorf diese Gefahren einer „perfekten Mobilität" damals aus Respekt (?) vor seinen etablierten Kollegen Schelsky und Wenke eher unreflektiert übernommen als wirklich eingesehen. Sonst wäre nicht zu erklären, weshalb von dieser Problematik einer durch gleiche Bildung mobilisierten Leistungsgesellschaft in seinen späteren Veröffentlichungen nicht mehr die Rede ist. Im Gegenteil setzt Dahrendorf sich 1965 in seinem wohl als Manifest gedachten Buch „Bildung ist Bürgerrecht" für maximale Mobilität durch radikale Beseitigung aller Bildungsschranken ein.

Zum Bürgerrecht auf Bildung, meint er, gehören neben dem sozialen Grundrecht aller Bürger und der Chancengleichheit im rechtlichen Sinne noch die Berücksichtigung eines dritten Aspekts: „Das Recht aller Bürger auf Bildung nach ihren Fähigkeiten bliebe daher unvollständig ohne das Zerbrechen aller ungefragten Bindungen, also den Schritt in eine moderne Welt aufgeklärter Rationalität. Um dieses Bürgerrecht zu garantieren, reicht auch die beste Verfassung nicht; hier ist vielmehr Politik nötig."

„Der Bildungspolitik stellt sich bei uns (also) das deutsche Problem der civil rights, das dem der faktischen Befreiung der Farbigen in den Vereinigten Staaten an Pathos und Bedeutung nicht nachsteht ... Mit der Bereitschaft zu einer Bildungspolitik für die Verwirklichung des Rechts auf volle Teilnahme aller Bürger am Leben der Gesellschaft entscheidet sich für Deutschland mit dem Weg in die Modernität der in die Freiheit."

Der skeptische Leser, der sich fragt, ob hier nicht Zwang zur intellektuellen Egalität als Freiheit verkauft wird, kommt Dahrendorf zunächst mit der Frage entgegen, ob denn der Weg in die Modernität wünschenswert wäre. Den Bedenken dagegen, die er einige Jahre früher mit Schelsky und Wenke noch teilte, unterstellt er nun „eine Ideologie der Illiberalität" und ein Fehlen an Risikobereitschaft, was er sogar als ein Symptom mangelnder Mündigkeit bewertet.

Die Aussage ist eindeutig: Dahrendorf erweist sich hier als naiver Rationalist und Aufklärer. Die Rigorosität seines voluntaristischen Rationalismus wird kaum irgendwo deutlicher als aus folgendem Satz: „Es gibt also auch keine einfach aus sozialen Sachgesetzlichkeiten der ‚technischen' oder ‚wissenschaftlichen Welt' geborene Bildungspolitik." – Genau aus dieser Hybris mußte das Scheitern der Bildungspolitik aus seinem Konzept folgen. Berühmten Vorgängern in der Geschichte folgend, macht Dahrendorf offensichtlich seine eigene Wesensart, der Intellekt und Freiheit als absolute Werte gelten, zum Maßstab für die zwangsweise Beglückung der Menschen. Die Tragik der Folgen teilt er mit allen jenen Intellektuellen, deren Engagement zur „Blendung des Bewußtseins im Dienste politischer Zwecke" führt. Die Tragik solcher Leute ist eine doppelte: Ihre Mentalität führt sie in ihrem praktischen Handeln von Mißerfolg zu Mißerfolg, sofern man den Erfolg an der eigenen Zielsetzung mißt. Und sie machen durch ihre Überbewertung des Intellekts und einer Freiheit ohne jegliche Bindung noch unglücklicher als sich selbst jene zu beglückenden Menschen, die mit der reformierten Umwelt in die Kälte ihrer intellektualistischen Strömung geraten. Der dialektische Glanz, den solche Veränderer verbreiten können, vermag allerdings die Fehlschläge zunächst zu überstrahlen und sie dadurch lange Zeit zu verbergen.

Die intellektualistische Pseudorevolution

Von Anfang an hätte auffallen müssen, daß sich Ende der sechziger Jahre mit der Studentenrevolte eine Pseudorevolution ausschließlich Intellektueller zu Wort meldete, die mit ihren Anklagen nicht eigentlich die soziale Lage der breiten Massen meinen konnte. Der wirkliche Anlaß waren vielmehr der eigene seelische Befund. Mit anderen Worten: das Gesellschaftsbild, das dieser „Revolution" zugrunde lag, entsprang ausschließlich der persönlichen Erlebniswelt ihrer Wortführer, die mit der eigenen unpraktischen Existenz nicht fertig wurden und nach Schuld (außerhalb von sich selbst) suchten, um eigene Machtansprüche anmelden und die Welt nach eigenen utopischen Erwartungen und Hoffnungen umbauen zu können, wobei allzu vielen die Vernichtung des Bestehenden wichtiger war als der spätere Neubau, der häufig nur Vorwand für ihren Zerstörungswillen war.

Solche Bemühungen fanden die beste Resonanz bei jenen jugendlichen Minderheiten, die, allein gelassen „wie herrenlos herumlaufende Hunde" (Schumpeter) nach Orientierung und Manipulation durch neue Herren suchten, die ihnen möglichst die eigenen vorgefaßten Meinungen nicht widerlegten, sondern bestätigten. Dazu waren diffuse Reizvorstellungen wie „antiautoritäre Erziehung", „emanzipatorische Selbstverwirklichung" und Aufforderungen, sich mit allen Randfiguren der Gesellschaft als Unterdrückte und Beleidigte des Systems zu identifizieren und zu solidarisieren, besonders geeignet. Reine Wohlstandskinder werden besonders leicht zu verschiedenen logischen Kurzschlüssen verführt:

1. Da die Entwicklung des Wohlstandes mit dem Abbau traditionalen und autoritären Verhaltens verbunden war, glaubt man, Tradition und Autorität wäre ohne nachteilige Folgen abbaubar.
2. Da der Wohlstand für jeden mehr oder weniger größere Un-

abhängigkeit gebracht hat, verwechselt man nicht selten Ursache und Wirkung und glaubt, daß mehr Freiheit und Gleichheit auch ohne weiteres mehr Wohlstand brächten oder doch etwas, was man heute reichlich unbestimmt mit mehr Lebensqualität bezeichnet.

3. Und schließlich, weil mehr Wohlstand heute auch solchen Menschen zufällt, die immer weniger leisten, erkennt man immer weniger den Zusammenhang zwischen Leistungsbereitschaft und -fähigkeit der einzelnen einerseits und der Effizienz der Gesellschaft insgesamt andererseits.

So lief die Reform zur sogenannten Bildungsgesellschaft mit einer emanzipatorischen Opposition gegen die Leistungsgesellschaft parallel, da man unter Lebensqualität vor allem Befreiung aus auferlegter Verpflichtung zu eigener Leistung verstehen wollte. Mit wachsender Abneigung gegen jede Art von Unbequemlichkeiten kann man dann aus jugendlicher Unerfahrenheit keinen Grund mehr entdecken, weshalb einem solchen Hang nicht auch nachgegeben werden kann. Auf meine Frage, was er denn unter „frei sein" verstünde, antwortete mir 1968 ein Student spontan: „Daß ich nicht mehr um 7 Uhr morgens aufstehen muß." Das ist häufig die ganze Quintessenz, die aller Solidarisierung zugrunde liegt. Was man dabei verkennt, ist, daß zu Lebensqualität, die glücklich machen soll, doch wohl das Gefühl gehört, in einer Gesellschaft geborgen zu sein, in der sich einer um den anderen kümmert. Gerade so etwas ist jedoch nicht ohne entsprechende Fähigkeiten und Bereitschaft zur Leistung für andere und das Gemeinwesen möglich. Sonst kommt es zur Verwahrlosung aller durch alle. Das aber läßt sich nur vermeiden, wenn die durch Leistung begründete Autorität anerkannt bleibt.

Aber auch im Hinblick auf das Freiheits- und Sicherheitsgefühl des einzelnen ist Lebensqualität ohne Leistung nicht denkbar. Denn wie könnte sie ohne jenes Lebensgefühl erreicht werden, das dem einzelnen aus der ständigen praktischen Bestätigung erwächst, seine körperlichen, geistigen und moralischen Kräfte im Rahmen des jeweils Gegebenen entwikkelt zu haben und dabei auch mit unerwarteten und unerfreulichen Aufgaben und Situationen fertig werden zu können. Dazu gehört auch die Bereitschaft, mit Selbstverständlichkeit alle jene langweiligen Routineangelegenheiten mit zu erledigen, mit denen der Ablauf des Alltagslebens nun einmal verbunden ist. Nur so kann aus einer Gesellschaft sich unterprivilegiert Fühlender eine Gesellschaft selbstgewisser Menschen werden, in der alle bestrebt sind, ihren Lebensaufgaben gerecht zu werden, und sich darüber hinaus imstande zeigen, mehr Hingabe und mehr Leistung bei anderen neidlos anzuerkennen und zu würdigen. Wenn heute immer häufiger von Unbehagen und Ängsten gesprochen wird, so liegt dies überwiegend daran, daß jene Selbstgewißheit immer mehr abhanden kommt.

Nun ist es nicht bloß das „Nichts-als-Wohlstandserlebnis" der jüngeren Generation gewesen, welches die heute vorherrschenden problematischen Wirklichkeitsvorstellungen geprägt hat. Noch bedeutsamer war die Reaktion der älteren Generation auf den wachsenden Wohlstand, vor allem soweit diese für die Prägung der jungen Generation von Bedeutung war. Jede Generation hat als Teenager oder Twens ihre Entwicklungs- und Anpassungsprobleme. Besonders bei Intellektuellen kann es dabei leicht zu Entwicklungsschwierigkeiten kommen. Das gilt besonders für hochdifferenzierte Gesellschaften, in denen während einer langen, vielleicht unnötig langen Ausbildungszeit das Umwelterlebnis fast ausschließlich aus zweiter Hand stammt. Was junge Menschen reifen läßt, ist aber, praktische Verantwortung zu tragen und sich dabei an lebenden Vorbildern orientieren zu können. Die gemeinsame Überwindung von Notsituationen bindet die Menschen aneinander, zwingt die Eltern, erkennbares Vorbild zu geben und die Kinder, in Gestalt von Verzicht und Leistung an der Situationsbewältigung teilzunehmen. Vom Wohlstand absorbierte Eltern verhalten sich anders.

Je weniger sie selbst noch Vorbild sein können oder sich um die Entwicklungsprobleme ihrer Kinder kümmern mögen, desto mehr pflegen sie aus bösem Gewissen diese viel zu früh und übertriebene ohne Gegenleistung an ihrem Wohlstand zu beteiligen. Verderbliche Wirkung geht aber nicht nur von der materiellen Verwöhnung aus. Mindestens ebenso gefährlich ist die Neigung allzu vieler Eltern, notwendigen Auseinandersetzungen mit den Kindern aus dem Wege zu gehen oder deren Ansichten sogar zuzustimmen, um nicht für rückständig gehalten zu werden oder um die Kinder nicht zu verlieren und aus dem Hause zu treiben. Daß die Rolle des „verlorenen Sohnes" für viele junge Menschen, selbst unter der Gefahr des totalen Scheiterns, zum Reifungsprozeß gehört, wollen viele Eltern aus sentimentalen Gründen heute weniger denn je wahrhaben. Noch schlimmer ist es, wenn Eltern aus einer Überbewertung der Jugend und des Jugendlichen und aus einer Mißdeutung von Selbstverwirklichung am liebsten selbst noch Teenager sein und keinerlei Verantwortung tragen möchten. Und selbst wer von den Eltern noch seine Pflichten ernst nimmt, kann am schlechten Beispiel der Umwelt mit seinen Kindern Schiffbruch erleiden.

Diese Gefahr mußte sich unvermeidlich vergrößern, als junge Menschen schon mit 18 Jahren für mündig erklärt wurden, ohne daß sie damit auch schon Verantwortung für sich selbst übernehmen müssen und können, und wenn Gesetzgebung und Rechtsprechung die Eltern sogar zwingen, unverantwortliches Handeln der Kinder finanzieren zu müssen.

So mußte unvermeidlich der korrumpierenden Wirkung des Wohlstandes die Jugendrevolte folgen, indem anarchistisch und nihilistisch gesonnene Intellektuelle aller Altersklassen ihre Führungs- und Herrschaftsansprüche dadurch zur Geltung brachten, daß sie jene zur Radikalität neigende Minderheit in der Jugend als Lautverstärker benutzten.

Dabei gelang es ihnen, einen Teil dieser Minderheit in ihrer Rebellionsphase zu fixieren und ihnen das moralische Alibi für terroristische Handlungen zu liefern. Dazu leisteten einseitige Sozialkritik und übersteigerte Besorgtheit um krankhafte Randfiguren der Gesellschaft, meist als deren Opfer apostrophiert, in Unterhaltung und Berichterstattung durch Film, Fernsehen und Rundfunk, aber auch durch viele Illustrierte und Magazine ihren kaum zu überschätzenden Beitrag.

Waren der Wunsch, sich an der eigenen Familie zu rächen, und die Abneigung gegen die Langeweile eines „kleinbürgerlichen" Lebens stark genug, reichten Mut und physische Belastbarkeit aus, um an einem abenteuerlichen Leben des Jagens und Gejagtwerdens Gefallen zu finden, und war erst einmal der Rubikon der ersten schweren Untat überschritten, dann war der Terrorist geboren. Er bedurfte der Rechtfertigung durch seine geistigen Mentoren um so dringender, je weniger für ihn eine Umkehr noch möglich war.

Ob nun geistige Wegbereiter, Mentoren oder Praktiker des Terrors, für solche ideologischen Adepten der Macht, die als „Mundwerksburschen" (Gehlen) meist über eine Proselyten-Machende Palaverintelligenz verfügen, erweist sich die Wahrheit nicht aus dem gelungenen Werk und der Bestätigung durch den praktischen Erfolg, sondern schon daraus, ob sie in der Diskussion die Überlegenen sind. In die sich dabei ergebende Gefahr, die Wirklichkeit falsch zu interpretieren, geraten besonders „jugendliche" Gemüter aller Altersklassen, die über zu geringe oder zu einseitige Erfahrungen verfügen, sich aber gern einreden, gerade ihnen, der „freischwebenden Intelligenz" gebühre es, eine bessere Welt zu schaffen. So wird bei ihnen ein Sendungsbewußtsein gefördert, das sie nicht veranlaßt, der schwierigen Faßbarkeit der modernen Welt bewußt, sich nun mit Intensität und Ausdauer Wissen und Erfahrung anzueignen und mit Bedacht an jenes mühevolle Vorhaben zu gehen, sondern das sie glauben macht, noch in vagen Vorstellungen befangen, sofort mit Aktionen beginnen zu müssen.

Solche Leute, deren Entwicklungsschwierigkeiten häufig als Charakterneurose enden, von denen also viele in eine schrille pubertäre Dauerphase geraten, projizieren ihre persönlichen Schwierigkeiten in die Gesellschaft, um sich wegen ihrer eigenen Unzulänglichkeiten vor sich und der Welt zu rechtfertigen und aus dem dabei gewonnenen missionarischen Auftrag die bisher so sehr vermißte Selbstbestätigung erlangen zu können. Die Unvermeidlichkeiten und Unzulänglichkeiten dieser Welt werden dann von ihnen meist als Krankheiten unserer Gesellschaft mißdeutet. Dafür preisen sie aber ihre eigenen

Neigungen als eine neue Form der Gesundheit und machen sie nicht selten sogar zum Leitbild des sozialen Fortschritts.

Mit der aus Erlebnisunterschieden stammenden Verschärfung der Generationsgegensätze kommt auch der Konflikt psychologischer Typen in unserem Gesellschaftsleben verstärkt ins Spiel. Schon immer ist die Gegensätzlichkeit des spekulativen theoretisierenden Ideologen zum empirisch urteilenden Pragmatiker oder des sich auf Prinzipien berufenen Gesinnungsethikers zum praktische Folgen bedenkenden Verantwortungsethiker in allen Gruppen – ja im einzelnen Menschen selbst – mehr oder weniger von Bedeutung gewesen. Nun sind Gesinnungsethiker und Ideologen eher eine Jugenderscheinung, Pragmatiker und Verantwortungsethiker eher eine Altersfolge. Beide Typen können entarten: Der Ideologe in Richtung eines neurotischen Gesinnungsfanatikers, der Pragmatiker in Richtung eines korrupten Opportunisten. Im Gesellschaftsleben pflegt die eine Entartung die andere provokatorisch zu fördern. Ganz schlimm wird es, wenn der Opportunist entdeckt, daß er im Pelz des fanatischen Ideologen am besten vorwärtskommt, wie wir es im letzten Jahrzehnt häufig genug erlebt haben.

Jedoch waren bis in die Mitte unseres Jahrhunderts Kritiker des Bestehenden in ihrem Gegensatz zu den jeweiligen Machthabern viel weniger eine einheitlich dominierende Gruppe, als sie es in den letzten beiden Jahrzehnten geworden sind. Die einen kritisierten überwiegend die traditionalen Tendenzen, das tatsächlich oder vermeintlich Restaurative, die anderen, was sie für übereilten Fortschritt oder gefährliche Veränderung hielten; wobei beide Gruppen nicht immer das förderten, was sie fördern wollten, sondern nicht selten das Gegenteil. Dies gilt z. B. für die Linksintellektuellen in der Weimarer Republik. Sie haben sicherlich mit ihren überspitzten Abwertungen ebenso sehr zum Untergang des damaligen Staates beigetragen wie die konservative Intelligenz, die später häufig gegen ihren Willen von den Nazis für sich in Anspruch genommen wurde.

Inzwischen haben sich die traditionalen Bindungen der Kritik weitgehend verloren. Mit dem Tempo der technischen und wirtschaftlichen Entwicklung und der damit verbundenen Veränderung der sozialen Verhältnisse bestimmte ein auf soziale Veränderung schlechthin fixierter diffuser Fortschrittsglaube den Zeitgeist. So ist es heute umgekehrt wie etwa vor dem ersten Weltkrieg. Damals gerieten viele, die es wagten, Änderungen des Althergebrachten ins Auge zu fassen, schnell in die Outsider-Situation von Diffamierten. Der „rote Professor", der „rote Landrat", der „rote Baron" waren dubiose Ehrentitel, die in bürgerlichen und bäuerlichen Kreisen jedem leicht zuteil wurden, wenn er es unternahm, Unübliches zu tun oder vorzuschlagen. Heute ist es umgekehrt. Wer nicht bereit ist, jede soziale Veränderung für fortschrittlich zu halten und jedes extreme Experiment für noch progressiver, gilt bereits als rechtsradikaler Reaktionär, mag er auch sachgerechte Reformen schon gefordert haben, als sich unsere Moderevolutionäre in ihren geistigen Windeln des Traditionalen noch ganz wohl fühlten.

Offenbar läßt der Zeitgeist in unserer freiheitlichen Gesellschaft, der wir gern die Bezeichnung pluralistisch geben – die wir aber zutreffender permissivistisch nennen sollten, da alles erlaubt und alles möglich werden soll –, immer mehr Menschen jenen common sense verlieren, der sie intuitiv unterscheiden läßt, was für ihre individuelle und soziale Existenz wesentlich oder unwesentlich, unvermeidlich oder vermeidbar, fortschrittlich oder schlechthin existenzgefährdend ist. Zwar können wir uns infolge der Dynamik und Differenziertheit des sozialen Wandels nicht mehr ausschließlich mit Hilfe intuitiver Kräfte des gesunden Menschenverstandes orientieren, doch haben wir niemals mehr als heute auch dieses inneren Kompasses bedurft, um nicht schon im Urteil über die elementarsten Bedingungen des Zusammenlebens ständig in die Irre zu gehen. Wir ähneln immer mehr jenen Tieren, die, aus freier Wildbahn in Gefangenschaft geraten, ihren Instinkt verlieren und sich nicht einmal mehr imstande zeigen, das für die Aufzucht der Jungen Notwendige zu tun.

Daran ist die Bildungswelt in manchen Elternhäusern, in Schulen und Hochschulen alles andere als unschuldig. Der seit

Marx propagierte Begriff „Selbstentfremdung" stammt nicht zuletzt aus der Erlebniswelt „verkopfter" Menschen, die verständlicherweise seine Anwendbarkeit auf ihre Mitmenschen überschätzen. Junge Menschen, die bis hoch in das dritte Lebensjahrzehnt auf Schulen und Hochschulen verbrachten und die Welt der praktischen Verantwortung so lange nicht kennenlernten, mußten nicht selten dieser Welt vollständig entfremdet werden.

Es ist dann nicht zufällig, daß die aus einem solchen Ausbildungssystem hervorgegangene Intelligenz gerade dort, wo sie auf das nichttheoretisierbare, praktische Leben stößt, nämlich in ihrer eigenen komplexen individuellen Existenz, häufig total versagt. Gerade hier im Privaten stehen jene Entscheidungen an, welche vielen nicht intellektuell Verbildeten noch einfach und problemlos erscheinen mögen. Dem Intellektuellen aber geht es häufig wie jenem fabulösen Tausendfüßler, der nicht mehr gehen konnte, als er zu überlegen begann, welchen Fuß er zuerst setzen sollte. Der zerstreute, umständliche und schließlich in einfachen Situationen hilflose Professor ist die altbekannte Witzfigur, die diese Problematik karikaturhaft widergibt. Neben der intellektualisierenden Ausbildung tut die fachliche Spezialisierung häufig ein übriges.

Wenn einseitig nur der Intellekt trainiert wird, wenn Theorien über eine nur aus zweiter Hand erfahrene und häufig auch nur so erfahrbare Welt in der Ausbildung an die Stelle praktischer Auseinandersetzungen und unmittelbarer Beobachtungen und Erfahrungen treten, wenn dies besonders häufig gerade solche Menschen trifft, die schon aus Veranlagung schwach in ihren intuitiven Kräften, zum Intellekt und zum Theoretisieren als Ersatzmittel ihre Zuflucht nehmen, dann entwickelt sich ein Typus mit ausgesprochenen Kontaktmängeln, mit Urteils- und Entscheidungsschwächen über praktische Fragen des menschlichen Zusammenlebens und Zusammenwirkens. Wesentliches und Unwesentliches kann dann nicht mehr auseinandergehalten werden, weil Wunsch- und Angstdenken sich mit logischem Argumentationsvermögen zu einem destruktiv kritischen Räsonieren verbinden. Gerade dieser Typus versagt auch meist total bei der Erziehung seiner Kinder. Kein Wunder, daß der neurotische junge Intellektuelle von heute nicht bloß aus reichen Bürgerhäusern, sondern ebenfalls aus Akademikerfamilien auch mittlerer Einkommenslage stammt.

Dabei wirkt es sich häufig besonders negativ aus, wenn auch die Mutter Akademikerin oder sonst intellektualisiert und beruflich gebunden ist. Es fällt ihr dann in der Regel leichter als anderen Müttern, Vorwände zu finden, wenn sie über ihr außerfamiliäres Engagement keine Zeit mehr findet, den Ansprüchen der Kinder zur rechten Zeit gerecht zu werden. Das Ergebnis sind allzu häufig die radikalen jungen Intellektuellen von heute. Der Historiker und Diplomat G. F. Kennan hat diesen Typ auf unübertreffliche Weise beschrieben: „Er ist besorgt, zornig und humorlos. Er mißtraut seiner eigenen Gesellschaft und bangt um seine eigene Zukunft. Überreizt und unüberlegt, ohne Vertrauen zu anderen, ungeduldig und gewöhnt, unmittelbare Ergebnisse zu erwarten, dürstet er förmlich nach Aktion. Romantisch und weltfremd ist er ständig auf der Suche nach Anliegen ... Ihm fehlt jegliches Gefühl für die Natur von Funktion und Verantwortung, und auf seinem Gewissen lasten alle tatsächlichen oder eingebildeten Mißstände seines Landes ... Dennoch fehlt eine ausreichende Quelle der Kraft, des Vertrauens und der Hoffnung ... Es fehlt die feste Basis der Unterweisung in die Natur des Menschen, es fehlt das Wissen um das Tragische, das unabdingbare die zentrale Komponente des menschlichen Schicksals ist, und das Verständnis für die sich daraus ergebende Beschränkung der Möglichkeiten sozialen und politischen Fortschritts ... Hinzu kommt seine Entfremdung von der Natur, seine Vertrautheit mit der Maschine und mit der Welt der Technik, sein Mangel an Verständnis für den langsamen, mählichen Prozeß organischen Wachstums. Dies alles verursacht bei ihm eine Ungeduld und Erwartung eines unmittelbaren Zusammenhangs zwischen Anreiz und Wirkung, die mit den Gegebenheiten seiner eigenen Entwicklung als Individuum nicht übereinstimmen und noch weniger mit der Entwicklung der Gesellschaft.

Als das Ergebnis all dieser formenden Einflüsse leidet der junge Mensch im Studentenalter unter den Auswirkungen eines mangelnden Gleichgewichts in seinem emotionalen und intellektuellen Wachstum ... Sein Elend wurzelt in der Gesellschaft, aus der er kommt, und es kann nur durch die Sanierung eben dieser Gesellschaft behoben werden." Jedoch können notwendige Sanierungen unserer Gesellschaft zu allerletzt in der Richtung liegen und mit den Mitteln erfolgen, wie diese jugendlichen Kritiker und ihre Mentoren selbst sie im Auge haben. Was dabei herauskäme, haben uns bereits plastisch die Ergebnisse unserer Bildungsreform gezeigt.

Bildungsreform: Opportunistisch, systemkritisch und praxisfern

Als Willy Brandt (1969), von intellektuellen Ideologen angeregt und bedrängt, mehr Demokratie wagen und mehr Lebensqualität bescheren wollte, war dies ein gefühlsseliges, wenig überlegtes Konzept, das nur noch etwas von individuellen Freiheits- und Gleichheitsrechten wissen wollte, aber nicht mehr über Pflichten für die mittel- und langfristige Existenzsicherung von Volk und Nation reden mochte. Für ein solches Konzept paßte maßgerecht die Idee von der Bildungsgesellschaft, die auch nur individuelle Ansprüche auf beliebige Bildung kannte, jedoch keine Pflichten mit Ausnahme der Pflicht zur hinterfragenden Intellektualisierung und zum kritischen Willen zum Konflikt. Daß Bildung und Erziehung nicht mehr in erster Linie die Aufgabe haben sollten, für ein kooperables und fähiges praktisches Mitwirken im beruflichen, privaten und öffentlichen Leben vorzubereiten, ist nur zu erklären, wenn man entweder von einer völligen Blindheit der Reformer gegenüber den Existenzbedingungen einer Wohlstandsgesellschaft und der psychischen Gesundheit und Belastbarkeit einzelner Menschen ausgeht, oder wenn man den absoluten Zerstörungswillen der Reformer annimmt.

Für Leute, welche die Selbstzerstörung unserer Gesellschaft beschleunigen wollten, war der Ersatz der „Ordinarien-Universität" – so reformbedürftig diese auch war – durch die „demokratisierte Gruppenuniversität" der wirkungssicherste Ausgangspunkt. Es mag dahingestellt bleiben, wer die Folgen voraussah oder sie sogar bewußt einplante. Etwa: daß die Vermassung in diesen Großgebilden von Universitäten und Gesamthochschulen radikalen Minderheiten stets ausreichenden Zulauf sicherte, damit diese mit Gewaltdemonstrationen zu beeindrucken vermochten; daß die Verbindung der Hochschulautonomie mit der Abschaffung des Disziplinar- und Ordnungsrechtes einen breiten Spielraum für Nötigung und Erpressung durch Konfliktmaximierer eröffnete, d. h. auch für Manipulation der Leistungsinhalte und Leistungsnachweise in Lehre und Forschung; daß dementsprechend auch die Lehrstühle weitgehend besetzt und dadurch für ein ganzes Menschenalter blockiert werden konnten; daß sich dann auch alle diejenigen Hochschulabsolventen im gewünschten Sinne vorprägen ließen, die künftig im wirtschaftlichen, politischen und geistigen Bereich außerhalb der Hochschulen an den Schaltstellen der Macht und der sozialen Bewußtseinsbildung sitzen werden; und daß, alles zusammengenommen, so die „permanente Kulturrevolution", welche den „pathologischen Sonderfall: Stabilität und Ordnung" in der Gesellschaft unmöglich werden läßt, am besten vorprogrammiert werden konnte.

Waren die Reformen nicht an dem für das Gemeinwesen Erforderlichen orientiert, so vermochten sie jedoch um so eher den Opportunismus der Betroffenen anzuregen.

Die Idee von der Bildungsgesellschaft zeigte sich nämlich als Ideologie glänzend geeignet, um Privilegien für eine Masse von Intellektuellen und Halbintellektuellen im Bildungs- und Kultursektor zu sichern und zu erweitern. Die Reformen traten allerdings als Bewegungselement nicht an die Stelle der diskreditierten Konsumneigungen alter Art; sie verstärkten diese nur. Konsumfeindlichkeit wurde zu einem modischen pseudoasketischen Touch jener Jahre und gleichzeitig Tarnkappe des eigenen Vorteils, ohne Atmosphäre und Stil unserer Gesellschaft zu ändern. Dementsprechend schufen die Reformen neue Rechte und Möglichkeiten, die nicht von den Begünstigten durch Übernahme von Opfern und Pflichten honoriert, sondern mit einem stetigen Kampf um Bequemlichkeiten verbunden wurden. Die Opfer für die kostspielige und praktisch uneffektive „Bildung neuer Art" mußten diejenigen tragen, die als arbeitende Steuerzahler nicht zu den Neuprivilegierten gehörten und dadurch zu „Unterprivilegierten" wurden.

Wohin die progressiven Wünsche gingen, wurde schon 1968 drastisch formuliert, als ernstlich die Forderung in der Öffentlichkeit erhoben wurde, Prüfungen abzuschaffen, die Studiendauer ins Belieben der Studenten zu stellen und ein Studentengehalt vorzusehen, das es dem gerade mündig Gewordenen erlaubte, sich in das Abenteuer einer Ehe mit Kindern zu stürzen. Offensichtlich sollte das Hochschulstudium als eine Vorbereitungszeit auf einen Beruf zu einer autonomen Lebensform werden; mit den drei Möglichkeiten zum halbintellektuellen Gammler, und / oder zum Berufsrevolutionär und / oder zum Liebhaber-Gelehrten.

Nicht wenig ist davon auch verwirklicht worden. Zwar blieben Stipendien zeitlich begrenzt; doch wurde die Kontrolle, ob Stipendiaten wirklich studierten, immer unzulänglicher. Zeitweise zwangen Gerichte selbst wenig begüterte Eltern, ihren Kindern sogar ein Zweit- oder Drittstudium zu finanzieren. Prüfungen wurden fast überall erleichtert. An manchen „linken" Hochschulen wurden sie zur reinen Farce. Selbst nach Einführung des Numerus clausus blieb die Begrenzung der Studiendauer strittig. Hier wurde die Solidarität von Studenten, Professoren und Politikern zur unüberwindlichen Barriere. Die Studenten scheuten den Druck aus der Intensivierung ihres Studiums, die Professoren den Zwang zur stärkeren Koordinierung und Extensivierung ihres Lehrangebotes und die Politiker waren froh, das Überangebot von Akademikern möglichst lange von den Arbeitsmärkten fernzuhalten. Ein kostspieliges und ineffektives Verfahren, um die Auswirkungen falscher Politik statt in der Ursache zu bekämpfen, nur hinauszuschieben.

Abgesehen von den Chancen, Mitglied einer mit besonderen Freiheitsrechten ausgestatteten privilegierten Schicht im öffentlichen Dienst zu werden, stammte die Hauptantriebskraft der Bildungsreform aus dem Sozialprestige, das in unserem Land seit Generationen die Universitäten besitzen und mit ihnen die wissenschaftliche und hier vor allem die theoretische Ausbildung. So wurden aus Fachhochschulen Universitäten und aus höheren Fachschulen Fachhochschulen, deren angebliche Verwissenschaftlichung sie nur der Praxis noch weiter entfremdete. Jedoch durften sich Lehrer und Schüler nun Professoren und Studenten nennen. Und selbst die Oberstufe der Gymnasien mußte herhalten, zu einer neuen Art von Voruniversität zu werden, auf der alles mögliche Spezialistische und Wählbare, am wenigsten aber solides Grundwissen mit Durch- und Überblick vermittelt wurde. „Lernen und Lehren durch Forschen!" wurde das allein seligmachende Prinzip in der Oberstufe. Es wurde mit sehr unterschiedlichem, meist karikaturhaftem Ergebnis, besonders aber im Gemeinschaftskundeunterricht mit einem begriffsverwirrenden Generaldilettantismus unter Bevorzugung „progressiven" und spekulativen „Forschens" betrieben.

Da diese Art der höheren Schulausbildung die Leistungsmöglichkeiten und die Leistungsmaßstäbe für den einzelnen Schüler fast unbegrenzten Zufälligkeiten auslieferte, konnte das Reifezeugnis weit weniger noch als früher einen einheitlichen Maßstab für die Beurteilung von Ausbildungsstand und geistigem Niveau der Abiturienten bieten. Die Auslese beim Numerus clausus trotzdem auf das Abitur abzustellen, geriet schließlich zu einer der größten Absurditäten der gesamten Bildungsreform. War es Ironie des Schicksals oder destruktive Absicht, als mit der Notbremse des Numerus clausus das an Konkurrenz um zweifelhafte Noten orientierte Leistungsprinzip in pervertierter Form wieder eingeführt und dadurch erst recht verdächtig gemacht wurde? Jede Art von Aufnahmeprüfung an den Hochschulen wäre sinnvoller gewesen. Doch mußte dies an den Bequemlichkeiten des Lehrkörpers und der Entscheidungsschwäche der Politiker scheitern.

An den Universitäten und Fachhochschulen führte die Unsicherheit der allzu schnell selbständig gewordenen Assistenten, Dozenten und Neuprofessoren dazu, daß in den Geisteswissenschaften vor allem theoretisiert wurde, um das eigene wissenschaftliche Niveau unter Beweis zu stellen. Man schlug zwei Fliegen mit einer Klappe, wenn man dies marxistisch tat. Damit legitimierte man sich gleichzeitig als politisch und als wissenschaftlich progressiv. Bei den Studenten hatte die gleiche Neigung ähnliche Gründe der Legitimation.

Da die demokratisierten Hochschulverfassungen sie berechtigten, auch in wissenschaftlichen Fragen mitzuentscheiden, fühlten sie sich dafür nur legitimiert, wenn sie sich bereits als „Forscher im Embryonalzustand" sahen und nicht als Lernende für einen späteren Beruf außerhalb der Hochschulen. Noch Mitte der sechziger Jahre ergaben Meinungsbefragungen, daß die Mehrheit der sich äußernden wirtschaftwissenschaftlichen Studenten eine praxisnähere Ausbildung wünschten. Davon war nach der Hochschulreform lange Zeit nichts mehr zu vernehmen.

Sowohl das überhöhte Ansehen als auch ihre Tätigkeit selbst führt bei Wissenschaftlern leicht zu einem aufgeblähten, wenig belastbaren Selbstbewußtsein. Häufig scheint es sogar, als wären nirgends die Unterschiede zwischen intellektuellen und charakterlichen Qualitäten größer als bei Wissenschaftlern, wie bei Intellektuellen überhaupt. Der Wissenschaftler kann mit seiner intellektuellen Existenz nur durch bewußte Distanzierung zu sich und der Umwelt fertig werden. Wem eine solche Verpflichtung zu einer „gebrochenen Existenz" zu großes Unbehagen bereitet, der sollte keinen intellektuellen Beruf ausüben. Er wird seinen Verstand dann überwiegend dafür mißbrauchen, Rechtfertigungen für eigene Vorwände und Voreingenommenheiten zu finden, um sie gegen die Realitäten abzusichern.

Wissenschaftler sein, ist eben nicht nur eine Frage des Intellekts, sondern ebenso sehr eine Charakterfrage, eine Frage des Umgangs mit sich selbst. Auf jeden Fall dort, wo die empirische Forschung sich nicht auf ein Rechenexempel reduzieren läßt, wo die Auswahl relevanter Faktoren und ihre qualitativ realistische Einschätzung auf die persönliche Intuition und Erfahrung des Wissenschaftlers angewiesen ist, dort ist die Gefahr, daß sich Vorurteile der verschiedensten Herkunft einschleichen, unvermeidlich. Schon bei der Entstehung von Erfahrung können Vorurteile eine peinliche Rolle spielen. Sie können wie ein Sieb wirken, das nur einseitige Erfahrung durchläßt. Deshalb muß die Erziehung zur Selbstkritik schon am Anfang und nicht erst am Ende der wissenschaftlichen Ausbildung stehen. Gerade in dieser Hinsicht ist in den letzten Jahrzehnten unter dem Druck der Zeitströmung laufend gesündigt worden. Aus der mangelnden Distanz zu sich selbst und ihrem Tun nehmen gerade besonders brillante Theoretiker allmählich die Voraussetzungen ihrer Modelle für die Wirklichkeit selbst, d. h., sie betrachten die Wirklichkeit nur noch durch die Brille ihrer Theorie und halten dann das, was dabei herauskommt, für die ganze Wahrheit. Nur aus einem so entstandenen unzulänglichen Realitätsbewußtsein werden die vielen Halbwahrheiten und mangelhaften Ratschläge erklärbar, die in den letzten Jahrzehnten besonders von neomarxistischen Wissenschaftlern – und natürlich nicht nur von ihnen – abgegeben worden sind. Es gilt übrigens auch für die naiv versimpelnden Urteile, die Schriftsteller wie Jens, Böll und Grass über unsere Bundesrepublik abgegeben haben. Denn hinter deren Äußerungen stehen naive Theorien aus dem eigenen Gemüt, die nur Platz für eine autistische Welt lassen. Modelle treten an die Stelle der Realitäten und finden sie einen Widerhall im Wunsch- und Angstdenken der Zeit, so wachsen aus ihnen Zauberformeln und Patentlösungen. Es entsteht neben der angeblichen Hölle der Gegenwart die himmlische Fata morgana zukünftiger Utopien.

Den Wissenschaftler, der weiß, wie schwer es ist, sich von solchen Anwandlungen ganz freizuhalten, wird kein Wunsch stärker bewegen als jener Faustens:

> „Könnt ich Magie von meinem Pfad entfernen
> Die Zaubersprüche ganz und gar verlernen,
> Stünd' ich, Natur! vor dir ein Mann allein,
> Da wär's der Mühe wert, ein Mensch zu sein."

Und er wird gerade in unserer Zeit wie Faust resignierend feststellen müssen:

„Nun ist die Luft von solchem Spuk so voll,
Daß niemand weiß, wie man ihn meiden soll."

Trafen solche Gefahren schon auf die alte Ordinarienuniversität zu, so sind sie in den vielfältig ideologisierten Gruppenuniversitäten von heute noch unvergleichlich größer geworden. Denn bei diesen hat die Wucherung der spekulativen Theorien dazu geführt, daß gerade in den Disziplinen, die für die gesellschaftliche Entwicklung von unmittelbarer Bedeutung sind – wie Sozialwissenschaften, Pädagogik, Psychologie, aber auch schon Jurisprudenz und Ökonomie – Reformmodelle am laufenden Band produziert wurden, die, weil sie als wissenschaftlich gesichert angesehen werden, nur allzu eilfertig in der Praxis zur Anwendung kommen.

Da auch die Auslese der Wissenschaftler gerade in diesen Fachbereichen mehr nach Gesichtspunkten einer modischen Fortschrittlichkeit häufig obskuren Gehalts als nach einer fundierten wissenschaftlichen Ausbildung erfolgte, beherrschen auch die Hochschulabsolventen dort immer weniger die gesicherten Erkenntnisse ihrer Wissenschaft. Vielmehr sind sie nicht selten erfüllt gerade von jenen gewagten, unausgereiften und ungeprüften (häufig auch unprüfbaren) Hypothesen und Theorien, die dem Zeitgeist auf den Leib geschrieben sind. Das macht sich bereits in der heutigen Praxis der Pädagogen, Psychologen, Juristen, aber auch in Politik und Wirtschaft tagtäglich bemerkbar.

Diese Neigung zur spekulativen Theorie in den Geisteswissenschaften findet heute ihre Vorbereitung bereits in den höheren Schulen, wo man zu einem oberflächlichen Intellektualismus erzieht. Hier hat sich nämlich als Dominante, den Absichten der Bildungsreformer entsprechend, die Förderung des „Mundwerkers" herausgebildet, dessen Palaverintelligenz ihn befähigt, über jedes Thema ohne genauere Kenntnisse sofort zu diskutieren und zu kritisieren. Während früher in den Schulen die Notengebung überwiegend von den schriftlichen

Leistungen ausging, ist heute eine sich motiviert gebende mündliche Teilnahme am Unterricht viel entscheidender; was nicht nur den pathetischen oder aggressiven Schwätzer privilegiert, sondern auch die übrigen dazu verleitet, nicht ausreichend jene Schwierigkeiten auf sich zu nehmen, die stets mit der Gewinnung ausreichender Kenntnisse der Fakten und Zusammenhänge verbunden ist. Eine weitere Folge ist, daß viele Abiturienten immer unzulänglicher ihre Muttersprache beherrschen. Ohne ausreichendes Training gerade des schriftlichen Ausdrucks kann dies kaum anders sein.

Schlimmer noch wirkt sich die Verleitung zu einer solchen Mundwerkerschaft auf das Ergebnis aus, das Schulfächer erzielen, in denen Kultur- und Systemkritik eine Rolle spielen. Wo solche Kritik in Diskussionen stattfindet, die ungenügend durch eigenes Studium der Schüler und mit Hilfe eines selbst ausreichend informierten Lehrers vorbereitet sind, können Reizworte und Phrasen fröhliche Urständ feiern und die jungen politischen Adepten für jede Demagogie aktiv oder passiv empfänglich machen. Mit der Gemeinschaftskunde ist es dabei wohl am schlimmsten bestellt, da dort Themen behandelt werden, für welche die Lehrer selbst vielfach keine ausreichende Vorbildung mitbringen oder bereits an den Hochschulen indoktriniert worden sind.

Noch größere Verwirrung wird in den jugendlichen Gemütern bereits in der vorpubertären Phase angerichtet, seitdem es üblich wurde, schon Elfjährige zum Konflikt mit dem Elternhaus und der sozialen Umwelt anzuhalten. Das Buch von George und Hilligen: Sehen, Beurteilen, Handeln, Lese- und Arbeitsbuch für Sozialkunde und Gesellschaftslehre für das 5. und 6. Schuljahr (Frankfurt 1972) ist nur ein Beispiel und noch lange nicht das schlimmste seiner Couleur. Die Unverantwortlichkeit dieser Bücher, die übrigens mindestens zeitweilig auch unter Kulturministern der CDU / CSU eingeführt wurden, liegt darin, daß die Schüler thematisch überfordert und zudem einseitig und unvollständig über die Zusammenhänge des Gesellschaftslebens „aufgeklärt" werden, wodurch bei ihnen Verwirrung, Mißtrauen und Unsicherheit verursacht werden muß.

Eine ähnliche Wirkung wird erzielt, wenn etwas später 15jährige schon zum Hinterfragen der realen Welt durch Interpretationen von Kafka und anderen einschlägigen Literaten angehalten werden, und wenn dabei obendrein so getan wird, als könne allein die unheile Interpretation einer nur dem Anschein nach heilen Welt die Wahrheit ausmachen.

Da das Ziel unserer Bildungsreform mehr oder weniger identisch wurde mit der gesellschaftspolitischen Absicht, „mehr Demokratie zu wagen", wäre doch *zunächst* zu fragen gewesen: Gehören zu mehr Demokratie und Mitbestimmung, wenn so etwas bereits in Unternehmungen und Behörden, in Schulen und Hochschulen eingeführt ist, Erziehung zu Konfliktbereitschaft und Kritik an anderen oder gehören nicht eher noch Erziehung zu Kooperationsbereitschaft und Selbstkritik dazu? Darf man dann aber in unserer unübersichtlichen Welt Autorität ablehnen, wenn diese auf größerer Sachkenntnis und Erfahrung beruht? Und wenn es auch sicherlich richtig ist, daß dem jungen Menschen keine „heile Welt" vorgegaukelt werden darf, sondern daß Reifung Annahme des Lebens in seiner ganzen Realität bedeutet, so bleibt doch die Frage: Ist es deshalb schon richtig, Jugendliche ständig – wie es in der modernen Literatur und vielen Schulbüchern geschieht – mit einer überzeichneten „unheilen Welt" zu konfrontieren und so zu tun, als ob diese Welt schuld am Versagen der Menschen sei, gleichzeitig aber zu verbergen, wieweit menschliche Unzulänglichkeiten des einzelnen ihrerseits die Umwelt bestimmen, und daß jeder dort, wo er steht, seinen konstruktiven Beitrag leisten muß, wenn die Welt überhaupt besser werden soll? Und außerdem: Kann die notwendige Erziehung zum Realismus nicht nur zu spät, sondern nicht auch zu früh ansetzen, indem sie Kindern und Jugendlichen überall das Vertrauen zu Orientierungspunkten, die sie noch einige Zeit brauchen, nimmt und sie dadurch überfordert und möglicherweise für ein ganzes Leben verunsichert?

Sicherlich wäre die „idealistische Realitätsblindheit" von Pädagogen, welche eine „fiktive heile Welt" des Humanismus alter Art zu vermitteln suchten, für eine Jugend ungeeignet, die in einer immer dynamischer und pluralistischer werdenden Welt leben soll. Deshalb bleiben aber die alten Bildungsideale trotzdem gültig, soweit sie nicht bloß in der Aneignung eines festgelegten Bildungskanons und in der Entwicklung intellektueller Fähigkeiten bestanden, sondern schon etwas von der „Distanz zu sich selbst" bei der Wahrheitsfindung wußten und die alten Tugenden zum Inhalt hatten.

Zum *zweiten* wäre zu fragen: Gehört nicht zu mehr Demokratie ein erlebtes Gemeinschaftsgefühl? Ist es dann aber richtig, Freundschaften und Klassengemeinschaften, die später auf der Hochschule und auch im Berufsleben nicht ohne weiteres im gleichen Maße gegeben sind, schon auf der Oberstufe der Gymnasien und der Gesamtschulen auseinanderzureißen? Und wofür dies? Für eine intellektualisierende Förderung von Verstandeskräften, die auch zu einem späteren Zeitpunkt noch weiter entwickelt werden können? Führt das nicht zu einer Verarmung des Gefühlslebens, welche Ursache für Vereinsamung und Aggression werden kann und dann auch eine wirklich schöpferische Leistungsfähigkeit des Intellekts vermindern muß?

Und wie steht es *drittens* mit der allzu frühen Spezialisierung, wenn der junge Mensch noch gar nicht weiß, wo seine Begabung und seine Interessen eigentlich liegen werden? Und wenn er vielleicht nicht nach Begabung und momentaner Neigung, sondern zwecks Überwindung des Numerus clausus' nach taktischen, notenpolitischen Gesichtspunkten entscheidet? Wird so nicht einer problematischen Spezialisierung in unserer Gesellschaft über Gebühr Vorschub geleistet? Wird so nicht ein späterer Berufswechsel, der auch infolge der Strukturwandlung in Wirtschaft und Gesellschaft in Zukunft häufiger als bisher unvermeidlich werden könnte, erschwert, wenn nicht gar unmöglich gemacht? Muß das Abitur auf diese Weise nicht an Bildungswert verlieren? Sagen Abiturnoten überhaupt noch etwas Einheitliches aus? Wozu macht man von ihrem Durchschnitt die Zulassung zum Studium und damit zu bestimmten Berufen abhängig? Betreiben wir also nicht schon seit Jahren zum Nachteil des einzelnen und unserer Gesellschaft eine falsche Berufsauslese? – Die Antwort auf diese Frage dürfte wohl kaum strittig sein. Es gibt aber einen noch viel gefährlicheren Spätzünder unserer Bildungsreform, gefährlich für unsere Gesellschaft und das Wohlbefinden ihrer Mitglieder.

Von den verantwortlichen Bildungsreformern ist kaum jemand bereit gewesen, mit dem erforderlichen Nachdruck rechtzeitig klarzustellen, daß ein Bildungssystem, das beliebige Bildung für jeden verspricht und dafür in erster Linie eine akademische Ausbildung als zusätzliches Angebot vorsieht, damit nicht auch beliebigen beruflichen Aufstieg sichern kann, sondern daß sich dann die berufliche Auslese nach dem Studium verschärfen und die Einkommen aus solcher Bildung senken muß. Selbst heute haben nur wenige den Mut einzugestehen, daß Arbeitslosigkeit zum unabwendbaren Schicksal in unserer Gesellschaft wird, wenn das Ausbildungssystem am tatsächlichen Bedarf vorbeiproduziert, aber jeder den Anspruch beibehält, nicht unter oder neben seinem Bildungsniveau beschäftigt zu werden, und daß, sobald ein solcher Anspruch nicht mehr anerkannt wird, die Zahl der unzufriedenen politischen Revoltierer wachsen muß. Dies um so mehr, da heute Krachmachen selbst in der brutalsten Art kaum noch Sanktionen nach sich zieht, aber Erfolg haben kann.

Trotz modischer Feindschaft gegen wirtschaftliches Wachstum und gegen die Überflußgesellschaft erhoffte man offenbar von beiden die nötige Finanzhilfe und von Gastarbeitern die Bereitschaft, die ungeliebten Tätigkeiten zu verrichten. Daß hilfswillige „Neudeutsche" auch die Teilnahme an unserem Bildungssystem beanspruchen könnten, war offenbar nicht vorgesehen. Sofern man sich überhaupt der drohenden Widersprüche aus der Bildungsreform bewußt war, ging man wohl davon aus, daß unser Wohlstand, einmal erreicht, sich von selbst erhält und daß dadurch intellektuelle Berufe in beliebiger Art und Zahl – ob für die Gesellschaft existenznotwendig oder nicht – ermöglicht.

Ob die von der Bildungsreform verordnete spekulative „Palaverintelligenz" für den größeren Teil des Volkes ein zweifelhaftes Glück sein könnte, danach wurde sowieso nicht gefragt. Die heute immer noch beliebte Behauptung, Bildung kann nicht schaden, ist dann falsch, wenn das Bildungssystem wie bei uns einseitig intellektualistisch ausgerichtet ist und die praktisch Begabten sich selbst entfremdet. Die Meinung, daß ein intellektueller Taxifahrer oder Tallyman mit akademischer Ausbildung glücklicher als ein ungebildeter ist, scheint wenig plausibel. Ob er nun sein Studium abgeschlossen hat oder nicht; ist er aus reiner Aufstiegsbeflissenheit durch unsere Bildungsreform in eine Richtung gedrängt worden, die seinen geistigen Interessen gar nicht entspricht, dann wird er sogar mit den „geistigen Freuden", die ihm akademisch erschlossen wurden, in seiner Freizeit nichts anfangen können. Vielleicht wird er aber entdecken, daß es reizvolle nichtakademische Berufe gibt, für die er inzwischen zu alt und verdorben ist. – Damit sind wir wieder bei dem Kardinalfehler angelangt, den man bei der Realisierung der Bildungsgesellschaft machte.

Wie schon bemerkt, hätte es in den sechziger Jahren durchaus sinnvoll sein können, den allzu materiellen Werten unserer Konsumgesellschaft Bildungsideale entgegenzusetzen. Das hätte aber verlangt, den damaligen leistungsfeindlichen Tendenzen zu widerstehen. Zur Bildung gehört doch nun einmal, daß man zu unbequemer Leistung und formaler Schulung bereit und fähig ist, und daß man solche Anstrengungen nicht in erster Linie oder gar ausschließlich mit Berufszielen auf Sozialprestige und Einkommenssteigerung richtet. Genau das taten aber die Bildungsreformer, als sie sich fast ausschließlich an den Zahlen künftiger Abiturienten und Studenten orientierten. Auf diese Weise verbanden sie das zweifelhafte alte Ziel der Einkommens- und Konsummaximierung mit dem neuen der Minimierung von Leistung und Disziplin, das von den revoltierenden Minderheiten der Wohlstandsgeneration vorgetragen wurde, ohne daß diese auf den erforderlichen Widerspruch stießen. Das Ergebnis war ein am beruflichen Fortkommen orientierter Zwang zum Hochschulstudium, das sich für diesen Zweck immer fragwürdiger herausstellen mußte.

Das Experiment einer Bildungsgesellschaft hätte aber nur

glücken können, wenn man von vornherein dreierlei unterschieden hätte:

1. Bildung als privates Konsumgut für die geistigen Bedürfnisse der Freizeit,
2. Bildung als Produktionsmittel für eine effektive Berufsausübung und
3. Bildung als Voraussetzung für eine demokratiekonforme Beteiligung an unserem öffentlichen Leben.

Am einfachsten wäre das *erste* Teilziel nach der Schulzeit durch den Ausbau der Volkshochschulen zu erreichen gewesen, ergänzt durch Fernkurse und Fernsehsendungen mit der Möglichkeit für Erwachsene, versäumte Schulbildung nachholen zu können. Beim *zweiten* Teilziel hätte man die Tatsache berücksichtigen müssen, daß unsere Hochschulausbildung keineswegs schon die optimale Vorbereitung auf die höheren Berufe darstellte. Mit Rücksicht darauf wäre der Ausbau der Universitäten mäßig zu halten und auf die Forschung zu konzentrieren gewesen, die unmittelbare Berufsausbildung aber hätte – vom Post-Graduate-Studium abgesehen – möglichst aus ihnen ausgegliedert werden müssen. Und wenn schon aus den höheren Fachschulen Fachhochschulen gemacht wurden, hätten diese nicht „verwissenschaftlicht", will sagen, der Praxis weiter entfremdet werden dürfen, sondern enger mit der Berufspraxis verknüpft werden müssen, am besten in Form eines Sandwich-Systems, d. h. einer Folge theoretischer und praktischer Ausbildung. Bedarfsgerechter als mit den Abiturienten die Zahl der Halbintellektuellen zu maximieren, wäre auch gewesen, statt dessen die Haupt- und Realschulen zu verbessern sowie den „zweiten Bildungsweg", soweit er als Fortbildungsweg an den Hochschulen vorbei im Berufsleben weiterführte, auszubauen. Für das ganze Bildungssystem hätte vor allem eins der wichtigsten Ziele werden müssen, junge Menschen möglichst früh mit praktisch verantwortlichem Tun in Berührung zu bringen. Dafür waren unsere Hochschulen mit sieben Studien- und fünf Ferienmonaten im Jahr denkbar ungeeignet; es sei denn, man hätte die Ferienmonate für berufskonforme praktische Ausbildung nutzen können. – Auf jeden Fall war es schlichter Nonsens, in einer Bildungsgesellschaft, die so sehr von ihrem Wohlstand abhängig war, die Erfordernisse an praktisch effizienter Intelligenz so sträflich zu mißachten.

Dem entsprach auch die völlige Absurdität, mit der die Reformer das *dritte* Teilziel, die politische Erziehung zur Beteiligung am öffentlichen Leben, sich verwirklichen ließen. Diese „Verwirklichung" geriet dank der Demokratisierung der Hochschulen unter zu starken Einfluß jener systemfeindlichen Minderheiten, die mit Hilfe einer begriffsvernebelnden „Tintenfischstrategie" (Topitsch) und einem entsprechenden neuen Demokratieverständnis nicht die Voraussetzungen für ein besseres Funktionieren unseres politischen und wirtschaftlichen Systems schufen, sondern diese, soweit sie nur konnten, abbauten.

Sie konnten dies nur, weil die verunsicherten politischen Instanzen dem neuen Demokratieverständnis nicht mit dem notwendigen Nachdruck widersprachen, sondern selbst zum Teil eine neue Basisdemokratie propagierten. Daß sie immerhin der Studentenschaft ein eigenes politisches Mandat absprachen, konnte jene Minderheiten in ihren politischen Aktivitäten auch innerhalb der Hochschulen nicht behindern. Die Autonomie der demokratisierten Gruppenuniversitäten und das Fehlen eines eigenen Ordnungsrechts, verbunden mit der allmählichen Unterwanderung ihres Lehr- und Verwaltungskörpers durch gleichgestimmte Ideologen und Opportunisten, sicherte den Systemfeinden mehr oder weniger beliebigen Spielraum. Das mußte unvermeidlicherweise – wenn auch unterschiedlich in den einzelnen Hochschulen und Fachbereichen – die Leistungsfähigkeit von Forschung und Lehre und damit deren Beitrag für die Erhaltung und Entwicklung der „produktiven Kräfte" unserer Gesellschaft immer weiter absinken lassen.

Zusammenfassend läßt sich zum Schicksal der „Bildungsgesellschaft" feststellen: Wenn man die Intellektualisierung junger Menschen zu antiautoritären Hinterfragern als höchstes Bildungsziel ansieht, wenn man dabei von einer nicht existierenden Gleichheit der Menschen ausgeht und allzu viele bis ans Ende ihres dritten Lebensjahrzehnts als nur Lernende von praktischer Verantwortung fernhält, dann kann man weder deren unterschiedlichen Fähigkeiten und Bedürfnissen gerecht werden, noch diese mit den praktischen Aufgaben und Funktionen, die jeder einzelne in unserem Gemeinwesen zu übernehmen hat, in bestmögliche Übereinstimmung bringen. Man überläßt leicht emotionalisierbaren Minderheiten, die sowohl durch Unsachlichkeit als auch durch fehlende Sachkenntnis unzureichend qualifiziert sind, zu großen Einfluß auf lebenswichtige Bereiche unserer Gesellschaft, irritiert durch Führungslosigkeit die übrige Mehrheit junger Menschen und läßt von ihnen immer mehr zu orientierungsloser Lethargie verunglücken. Gleichzeitig macht man unsere Gesellschaft durch Polarisierungsfolgen, die man zu vertuschen oder zu überkleistern sucht, immer unbeweglicher und damit unfähiger, auf die sich verschärfenden Belastungen von innen und außen lebenskräftig und solidarisch reagieren zu können.

Über die schlimmen Folgen kann es heute keine Täuschungen mehr geben. Wir müssen je eher desto besser erkennen: Bei der Bildungsreform geht es nicht um Probleme vergangener Jahre, die man vergeben und vergessen kann, sondern um Zeitzünder, die spätestens in einem Jahrzehnt mit lautem Knall explodieren werden, zu einer Zeit, da wir mehr denn je leistungs- und kooperationsfähig sein müßten.

III. Das Ergebnis – Sind die Folgen zu verhindern?

Der individualistische und kommerzialistische Geist – aus dem Zeiterlebnis unserer totalitären Vergangenheit, dem Schrecken des Krieges und des totalen Zusammenbruches wiedergeboren – hat uns beim Wiederaufbau unseres zerstörten Landes zunächst zu beachtlichen Leistungen befähigt. Doch hat der Wiederaufbauwille von vornherein wichtige Voraussetzungen eines dauerhaften Wohlstandes und einer stabilen Gesellschaft vergessen lassen. Gerade seine materiellen Erfolge haben unser soziales Bewußtsein getrübt und sich schließlich gegen unseren Leistungswillen gewendet, dessen starke Antriebskraft sie ursprünglich gewesen waren. Denn je mehr der steigende Lebensstandard zur Gewohnheit wurde, desto weniger waren wir noch bereit, für ihn etwas zu tun.

Es zeigte sich wieder einmal: Der Kampf um die nackte Existenz kann bei Menschen lange Zeit die Sinnfrage entproblematisieren, indem die Sorge alle psychischen und physischen Kräfte in Anspruch nimmt. Zunehmende Sicherheit und scheinbare Selbstverständlichkeit des Wohlergehens setzen jedoch Kräfte frei, welche die Menschen gemeinsamen Aufgaben immer mehr entfremden, so daß sie sich nun destruktiv gegeneinander wenden und mehr von ihrem Gemeinwesen verlangen, als dieses gerade wegen des sozialen Zerfalls noch zu leisten vermag. Kritische Intellektuelle aber entdecken nun, daß der Sinn des Lebens in Frage steht, und fühlen sich verpflichtet, so lange darüber zu reden, bis ihre Problematik auch naivere Gemüter ergreift. Eine sozial noch brisantere Wirkung erzielen sie, wenn sie sich für die Maximierung von Freiheits- und Gleichheitsansprüchen einsetzen und mit Hilfe veralteter Klassenkampftheorien den bereits wirksam werdenden Neid verstärkt ins Spiel bringen, ohne selbst ausreichend die Integrationsbedürfnisse der modernen arbeitsteiligen Wirtschaftsgesellschaft zu begreifen oder gar zu respektieren.

Diese Gesellschaft ist ein kompliziertes und unübersichtliches Gebilde. Ist sie wie bei uns in einer Marktwirtschaft und in einem parlamentarischen Bundesstaat dezentralistisch geordnet und wird sie ohne genau erkennbare, geschweige denn allgemein anerkannte Eingrenzung als „pluralistische Gesellschaft" verkündet, so läßt sie widersprüchlichen Wünschen von Gruppen und Individuen zu viel Raum, als daß eine einheitliche und die Ungewißheit der Zukunft bedenkende Führung noch möglich bleibt, wenn der Gemeinsinn, unter einem diffusen Realitätsbewußtsein ungepflegt, keine Selbstverständlichkeit mehr bleibt.

Läßt überdies die Zusammenarbeit zwischen politischer Führung und Expertenhilfe vielfach zu wünschen übrig und nimmt die Liebedienerei um vermeintliche und tatsächliche Wählerwünsche bei Regierung und Oppostition überhand, so führt die Vernachlässigung der Sachzwänge, die zunehmend aus der Kollision zwischen unvereinbaren Zielen akut werden, ständig zu halben Entscheidungen (faulen Kompromissen) und früher oder später in ausweglose Situationen.

Diese Gefahr verstärkt sich fast ins Unbegrenzte, wenn man durch Demokratisierung aller gesellschaftlichen Bereiche (Basisdemokratie) extremen Minderheiten den Weg zur Unterwanderung freigibt und Gewaltdemonstrationen üblich werden läßt. „Die Basis" erweist sich dann selten als „das Volk", sondern sie entpuppt sich gewöhnlich als „ideologische Elite", die für ihre eigenen fanatischen Ziele Bevölkerungsgruppen in ihren Bequemlichkeiten, Sehnsüchten und Ängsten zu manipulieren versteht. Die Herabsetzung des Wahlalters schafft zusätzliche Möglichkeiten, die Extremisten zu vermehren, mit dem Jungvolk die Parteien zu unterwandern und sie durch Polarisierung der inneren Gegensätze handlungsunfähig zu machen. Mit der Sorge um die Jungwähler wird die politische Führung immer offener für die Irrationalitäten beliebiger Besserwisser, die besonders gern das Schreckgespenst des totalen Staates und der „unbewältigten Vergangenheit" – nicht selten in vermeintlich ehrlicher Absicht – mißbrauchen, um nun den ganz anders gearteten Wohlfahrtsstaat in seinen Ausgleichs- und Entscheidungsfunktionen außer Kraft zu setzen.

Hat sich erst einmal gegenüber einem selbstverständlich erscheinenden Wohlstand Gleichgültigkeit festgesetzt, so macht sie blind für alle Bedingungen, von denen der Lebensstandard naturnotwendig abhängt. Man urteilt wie „Alice im Wunderland". Bereitschaft und Fähigkeit zur Leistung, Einhaltung von Spielregeln und ihre ständige Kontrolle erscheinen als überflüssig; und wem sie lästig sind, für den werden sie bekämpfenswert. Ebenso überflüssig erscheinen alle Unterschiede von Macht und Einkommen selbst dort, wo sie für die Wahrnehmung gesellschaftlicher Funktionen erforderlich sind. Dies gilt mehr oder weniger für alle Jahrgänge, besonders aber für die jüngeren, denen Freiheit von Anfang an als Bequemlichkeit angedient wurde.

Werden aber totale Gleichheit und unkontrollierte Freiheit

für realisierbar gehalten, soll dementsprechend der Ordnungsstaat abgebaut, der Sozialstaat jedoch noch weiter ausgebaut werden, so entsteht allmählich eine neue Art von „Zweiklassengesellschaft", in der die noch Leistungsfähigen und -willigen durch die wachsende Zahl Leistungsunfähiger oder -unwilliger ausgebeutet werden. Sie zeigt den Trend zu einer „klassenlosen Gesellschaft" neuer Art, in der die Solidarität der Menschen schließlich auf reine Egozentrik zusammenschrumpft, so daß dann alle alle auszubeuten suchen.

Auf diese Weise kommt es, wie von Marx verkündet, zwar zum „Absterben des Staates", nur daß die „Verwaltung aller durch alle", die im anarcho-marxistischen Denkmodell an die Stelle des Obrigkeitsstaates treten soll, nirgends funktionieren will und daher in sozialem Chaos und in der Terrorherrschaft einer Gangstergesellschaft, nicht aber in einer „klassenlosen Gesellschaft" solidarischer Menschen endet.

Die Lossagung von allen Pflichten und den mit ihnen verbundenen inneren und äußeren Zwängen, zu der die Maximierung von Freiheits- und Gleichheitsansprüchen führt, muß früher oder später eine Gesellschaft existenzunfähig machen. Ihre Führungseliten – falsch ausgelesen, falsch ausgebildet und dadurch später überfordert, gleichzeitig mit immer weniger Gestaltungsmacht ausgestattet – können durch das Beispiel, zu dem sie noch fähig sind, eher verführen als führen. Die Verführung liegt im vorgelebt falschen Lebensstil, einerseits der Neigung, Einkommensmaximierung, Prestigekonsum und mit dem Sozialprestige Showeffekte nach wie vor überzubewerten, andererseits anstatt Verantwortung und Risiko selbst noch zu tragen, sie im Namen der Demokratie nach unten zu delegieren. Dies ist um so gefährlicher, je weniger ein diffus ideologisiertes Bildungssystem Einsichten in die realen sozialen Zusammenhänge vermittelt und Verständnis für die begrenzten Möglichkeiten schafft, solche Einsichten eindeutig zu gewinnen.

Dabei wandeln sich auch die Vorstellungen von Humanität. Sie werden kurzsichtig und bar jeder Verantwortungsethik. Das Vorbild wird der Playboy in allen möglichen Varianten:

von dekadenten Mitgliedern einer jeunesse dorée, über Starlets, ewigen Studenten, Aussteigern (ob nun als Gammler, Hippies oder Rocker) und risikofreien Revoluzzern mit Pensionsansprüchen und Beraterverträgen bis hin zu Terroristen, die auf hohem Konsumniveau abenteuern und gewiß sein können, daß man in unserer Öffentlichkeit eher den Tod von Polizisten hinnimmt als den Terroristen etwas Ernstliches zuleide tut.

Schon 1971 konnte ich im Hinblick auf den Zustand unserer Gesellschaft feststellen: Wo (wie an den Hochschulen begonnen) „kein Ordnungsrecht mehr angewandt wird, sind heimlichem und offenem Terror Tor und Tür geöffnet. Ähnliche Tendenzen sind in unserer Rechtspflege feststellbar, wo bei der Abwägung der strittigen Rechtsgüter immer häufiger kurzsichtig zugunsten vorläufiger Vorteile der einzelnen Kläger oder Beklagten entschieden wird (und die Frage unterbleibt, wie sich solche Urteile langfristig auf das Gemeinschaftsleben auswirken). Wie es einmal bei uns aussehen wird, wenn unsere Gerichte laufend zu diametral entgegengesetzten Urteilen kommen (was inzwischen immer häufiger geschieht) oder nur noch die Ansprüche des einzelnen anerkennen und dadurch Asozialität prämieren, läßt sich gut vorstellen. Um die Reform des Straf- und Familienrechts, wo man über den notwendigen Abbau überholter Regeln in die gleiche Richtung hinausschießt, steht es nicht besser.

In der protestantischen Kirche nähern sich der christliche Glaube und die Relikte seiner Sozialethik mit Hilfe einer absurden „Oben-ohne-Theologie" ihrem Schlußpunkt. In der Psychologie und Pädagogik gilt das Dogma von der Erlösung des Individuums durch beliebiges Ausleben vorherrschend zu werden und die praktischen Handlungsmaximen zu liefern ... In den wieder Mode gewordenen Emanzipationsbestrebungen für die Frau, die einseitig einen bestimmten egozentrischen intellektuellen Typus begünstigen und der Bequemlichkeit der Männer zugute kommen, wird die Versorgung des Kindes mit unerprobten und noch nicht vorhandenen Surrogaten, wie vorschulischen Einrichtungen, Großfamilien, Tagesmüttern

(Hausmännern) abgefunden; und dies zu einer Zeit, in der (selbst) die Pädagogen zu ahnen beginnen, daß die Grundlage für die Soziabilität des Menschen (Urvertrauen, Leistungs- und Belastungsfähigkeit, Ausdauer, Initiative und Kooperationsfähigkeit) bereits in seinen ersten Lebensmonaten und -jahren gelegt, daß man also gerade mit dieser Zeitspanne vorsichtig experimentieren muß. So fördert man also, wo man kann, die neurotische Disposition und Vereinsamung der Menschen, die man angeblich bekämpfen will ...

Selbst bei Mitbürgern, die den Zerfallserscheinungen unserer Zeit durchaus kritisch gegenüberstehen, trifft man in diesem Durcheinander heute auf eine meist unreflektierte Sehnsucht, von Schuld und bösem Gewissen völlig befreit zu werden; was sie latent bereit macht, den neuen Propheten zu glauben, das Schuldgefühl und Gewissen nur gesellschaftlich überflüssige Begleiterscheinungen autoritärer Erziehung seien. Die gleiche Sehnsucht, die uns heute zunächst dem Libertinismus und Anarchismus öffnet, hat in den zwanziger und dreißiger Jahren unseres Jahrhunderts viele Menschen dem totalitären Staat in die Arme getrieben. So bestätigen und realisieren wir ein Menschenbild, das nicht zu einer freiheitlichen, sondern ausschließlich zu einer autoritären Gesellschaft paßt." – Dies hat sich bis heute zunehmend bestätigt.

In den letzten 15 Jahren hat die Intellektuellenrevolte, indem sie sich radikaler jugendlicher Minderheiten als Lautverstärker bediente, die ganze Labilität einer freiheitlichen Gesellschaft ins öffentliche Bewußtsein gebracht und den rechtsstaatlichen Charakter ihrer politischen Ordnung in Frage gestellt. Sie hat nämlich gezeigt, daß relativ kleine Minderheiten durch massives Auftreten und Unterwanderungen aller gesellschaftlichen Bereiche gleichzeitig Legislative, Exekutive und Judikative eines demokratischen Staates in ihren Funktionen weitgehend blockieren können, wenn sie auch nur begrenzte Unterstützung von den Massenmedien erfahren und auf keine geschlossene Gegnerschaft einer orientierungslosen oder gleichgültigen Bevölkerung stoßen. Das mußte das Vertrauen zu unserem Staat und seiner Regierung sichtbar erschüttern.

Wie neuerdings die Turbulenzen um die Hausbesetzungen in Berlin und anderswo wieder gezeigt haben, kann man den Rechtsstaat, indem man nur die Legitimität seines Tuns zu bezweifeln braucht, nach Belieben aus den Angeln heben, woran sich unpolitische Aussteiger und politische Einsteiger gleichermaßen beteiligen.

Nach den gemachten Erfahrungen wäre eher eine Rückbesinnung auf Ordnungskräfte zu erwarten gewesen, welche überbordenden Libertinismus einzugrenzen, gemeinsinnige Einordnungs- und Leistungsbereitschaft wieder zu beleben vermöchten. Schon 1974 glaubte man – teils hoffnungsvoll, teils angstvoll beschwörend – eine Tendenzwende feststellen zu können. Doch sprechen Ereignisse und Zustände auch heute noch eine andere Sprache, sofern die Gewöhnung uns nicht unempfindlich gemacht hat.

Das Schlimme ist, daß die Lernfähigkeit unserem politischen Establishment (besonders der sozialliberalen Koalition) immer mehr abhanden kommt, was besonders für die „weißen Jahrgänge", die reinen Wohlstandskinder, zu gelten scheint. Sonst ist nicht zu erklären, daß jedesmal, wenn blutige Straßenkrawalle stattgefunden haben, von neuem der Ruf ertönt, man müsse erst einmal die „wahren" Gründe des Jugendterrors erforschen, ehe man das Notwendige zu tun vermöchte. Gleichzeitig ist man dabei, die Antiterror-Gesetzgebung, zu der man sich hatte aufraffen können, wieder abzubauen; so als ob diese ganz gewiß die falschen Maßnahmen vorsehen. Dabei hat es im letzten Jahrzehnt bereits vielfältige Tagungen, unzählige öffentliche Diskussionen und eine Fülle wissenschaftlicher Analysen zu diesem Themenkomplex gegeben. Offensichtlich überlegt wieder einmal der intellektualistische Tausendfüßler konsterniert, welchen seiner vielen Füße er zuerst setzen soll, anstatt zu begreifen:

1. daß es sich hier (auch wenn Kinder der Prominenz darunter sind) nicht um die Jugend schlechthin, sondern um verschiedenartige Minderheiten handelt,
2. daß Jugendliche sich noch leichter als andere Menschen über ihre Motive täuschen, daß sie daher gerne in die Dia-

lektik provokativer Kritik und Aktion gehen, um Reaktionen hervorzurufen, die ihre Kritik wenigstens nachträglich zu rechtfertigen scheinen;

3. daß sie darin bestärkt werden, wenn ihre Straftaten hingenommen oder gar von anderer Seite gerechtfertigt werden;
4. daß auf diese Weise bei ihnen und den übrigen Staatsbürgern das Rechtsbewußtsein immer weiter abgebaut und die Gefahr der Solidarisierung von Fall zu Fall ständig erhöht wird;
5. daß schließlich die für das Gemeinwohl verantwortliche „Obrigkeit" völlig handlungsunfähig wird, weil nun nach bewährtem Vorbild immer neue Gruppen gewaltaktiv werden;
6. daß aber, ist erst einmal die sich politisch motiviert gebende Gangstergesellschaft entstanden, es zwar keine „Untertanen" mehr gibt, dafür aber lauter „Obertanen", die alle sich mit ihren Anliegen für den Nabel der Welt halten und die Existenz von Sachzwängen, denen auch sie sich zu unterwerfen haben, schlechtweg leugnen. Der Gehalt der Begriffe „Utopie" und „Realität" kehrt sich bei ihnen um, und die schon lange beklagte Unregierbarkeit westlicher Demokratien wird vollkommen. Das Chaos aber, das dann entstanden ist, ließe sich schließlich nur noch von einem autoritären Staat mit Hilfe harter Maßnahmen beseitigen, die früher selbstverständlich waren, heute aber vielen bereits als brutal erscheinen würden.

Natürlich wäre es nicht allein damit getan, eine formale rechtsstaatliche Ordnung wieder durchzusetzen. Unsere öffentliche Meinung müßte auch auf eine Realitätsebene zurückfinden, von der aus man wieder zu erkennen vermöchte, daß nicht diejenigen Ordnungsmittel legitim sind, die eine Maximierung von Freiheit und Gleichheit im jeweiligen Augenblick ermöglichen, sondern nur diejenigen, die eine Optimierung beider Ziele so sichert, daß die Existenz unserer Gesellschaft und ihrer freiheitlichen Ordnung auch in der Folge nicht gefährdet wird. Es ist ja nicht unser System, sondern seine Handhabung, die unsere gegenwärtige Malaise verursacht: nämlich das Verkennen der Wechselbeziehungen zwischen Rechten und Pflichten, zwischen Anspruch und Leistung, zwischen Freiheit und Gleichheit, zwischen Sicherheit und Opferbereitschaft. Solche Mißverständnisse und Fehleinschätzungen sind von unserem nur auf labilem Grund ruhenden Wohlstand gefördert worden. In seiner Treibhausluft ist unsere Gesellschaft nicht gereift, sondern in eine teils aggressive, teils bequemliche Teenager-Mentalität geraten.

Im Grunde bedürfte alles, was in den letzten 15 Jahren im Namen von Freiheit und Gleichheit reformiert worden ist, der Überprüfung: Ob nicht aus Übereifer, den einzelnen Menschen sogenannte Lebensqualität zu bescheren, die Existenz unseres Gemeinwesens und damit auch die Existenz jedes einzelnen schließlich wieder gefährdet wird. Selbst wenn wir unserem Gemeinwesen, ob wir es nun Volk oder Gesellschaft nennen, keinen Eigenwert beimessen, sondern diesen davon ableiten, daß dem einzelnen ein Optimum an Freiheit, Gleichheit und Wohlstand gesichert wird, verlangt eben diese Sicherung unter Einbeziehung künftiger Generationen, daß im Zweifelsfall die Bedürfnisse des Gemeinwesens vor denen des einzelnen zu berücksichtigen sind; was vereinfacht formuliert nichts anderes heißt, als daß unsere gegenwärtigen Ansprüche nicht auf Kosten der zukünftigen gehen dürfen. Recht auf Arbeit, Freiheit der Berufswahl, Emanzipation der Frau, Wehrdienstverweigerung, Mitbestimmungsrecht, Kündigungsschutz, Sozialfürsorge – um nur einige Beispiele zu nennen – dürfen nicht zu Ansprüchen führen, die mit der pseudohumanitären Absicht, niemandem etwas Unangenehmes mehr zuzumuten, Staat und Gesellschaft ständig überfordern, so daß neue Willkür in den Entscheidungen unausbleiblich ist, die weit mehr als die frühere die Lebensfähigkeit künftiger Jahrgänge bedroht.

Nachdem bei uns inzwischen alle Institutionen, die maßgeblichen Einfluß auf unser öffentliches Bewußtsein haben (Massenmedien, Schulen, Hochschulen, Kirchen, Literatur, Theater, Film usw.) weitgehend von pseudoprogressiven Intellektuellen unterwandert worden sind, welche die Freiheit des einzelnen als Recht auf alles und jedes verkaufen, dürfte es allerdings schwer sein, das Rettende noch zu tun. Denn wer es heute wagt, so etwas wie Mißbrauchskontrolle zu verlangen, dem wird sofort vorgeworfen, er wolle das „Rad der Geschichte" zurückdrehen. Offenbar wird angenommen, das „Rad der Geschichte" kenne nur eine Richtung, nämlich die auf immer mehr Freiheit und immer mehr Gleichheit bis hin zur völligen Anarchie amorpher Massen. Wenn dem aber so wäre, würde nicht Karl Marx, sondern Oswald Spengler recht behalten, der dem Nationalsozialismus zwar keine Chance gab, aber von Blüte, Reife und Verfall aller Kulturen sprach, daher auch den Verfall der unsrigen vorherzusehen glaubte.

Doch die Mehrheit unserer Wohlstandsbürger werden Kulturtheorien kaum beeindrucken. Ihre Unbeweglichkeit ist eher gewohnheitsmäßig als intellektuell bestimmt. Wir stekken – ob Bürger oder Antibürger – als Wohlstandskinder offensichtlich in der gleichen Situation, die der Arzt heute immer wieder erlebt, wenn zivilisationsgeschädigte Wohlstandspatienten zu ihm kommen. Solche Patienten erwarten Pillen oder sonstige bequeme Mittelchen gegen ihre Leiden. Allenfalls sind sie bereit, sich sogar einer vielleicht nicht ungefährlichen Operation zu unterziehen, wenn nur sonst alles beim alten bleiben kann.

Die eigentlichen Ursachen ihrer Krankheit: ihr falscher Lebensstil, Bequemlichkeit, falsche Ernährung, mangelnde Bewegung, psychische Sperren wollen sie nach wie vor nicht missen. So wird dann der Arzt gewechselt und immer jemand gefunden, der bereit ist, mit falschen Heilmitteln am Symptom zu kurieren oder eine Operation vorzunehmen, die das Leben des Patienten gefährdet, aber bestenfalls nur kurzfristige Linderung verschafft.

Um die Krankheit unserer Gesellschaft ist es nicht anders bestellt. Auch hier ist eine Besserung nur zu erwarten, wenn wir nicht mehr darauf aus sind, uns ein libertines Schlaraffenland zu sichern, wenn wir vielmehr bereit sind, nicht nur anderen und dem Staate, sondern vor allem uns selbst etwas abzuverlangen, und wenn wir dementsprechend über die Umweltkritik nicht mehr die Selbstkritik vernachlässigen. Nur dann wären wir fähig zu erkennen, welche „Operationen" (Reformen) wirklich förderlich sind, und bereit, uns ihnen zu unterziehen, aber vor allem gleichzeitig bereit, uns auf einen neuen Lebensstil umzustellen. Allerdings wird ebenfalls im Leben einer Gesellschaft diese Problematik dadurch kompliziert, daß sich auch hier allzu leicht „Ärzte" finden, die, um den Patienten nicht zu verlieren, ihm das verordnen, was er verordnet haben möchte; oder es sind Ärzte, welche unter dem Einfluß der Zeitströmung an der gleichen seelischen Krankheit leiden und die sich daraus ergebenden psychischen Sperren erst einmal selbst überwinden müßten, ehe sie ihre diagnostischen und therapeutischen Pflichten zu erfüllen vermöchten.

Auch die Hoffnung, daß echte Not, vor die uns weltwirtschaftliche und weltpolitische Zwänge des nächsten Jahrzehnts stellen werden, für uns eine neue Vitalisierungschance enthält, ist ungewiß. Denn Not oder das, was man dafür hält, hat nur dann eine anspornende Wirkung, wenn die Menschen jeweils von ihrer Unvermeidlichkeit ebenso wie von ihren Minderungsmöglichkeiten überzeugt werden können. Sonst entsteht die Gefahr, daß man über die Suche nach unzureichenden Surrogaten der Bequemlichkeit und nach Sündenböcken versäumt, das Rettende zu tun.

Der Mangel unseres Gesellschaftslebens besteht nicht im Fehlen eines Bekenntnisses zu einer dogmatisch festgeschriebenen Gesellschaftsordnung, die zu bewahren oder anzustreben sei. Die Diskussion darüber ist zu einem nur noch illusionären oder reaktionären Schattenfechten geworden, so heiß und verworren sie gelegentlich noch geführt wird. Für Realisten kann es nur einen gültigen Maßstab für die bestmögliche Gesellschaftsordnung geben, nämlich ihre Eignung, auch mit unerwarteten Situationen fertig zu werden; denn die Zukunft ist immer ungewiß. Das Wichtigste dafür ist, Verhaltensleitbilder und Wirklichkeitsvorstellungen zu schaffen, welche die Menschen in den Stand setzen, die Herausforderungen der Zukunft anzunehmen. Dafür wäre es notwendig, die Leistungsgesellschaft als leit- und Idealbild in unserer Öffentlichkeit wieder zur allgemeinen Anerkennung zu bringen, die sie seit Ausbruch der Intellektuellenrevolte zunehmend verloren hat.

Leistungsbereitschaft und Entwicklung der Leistungsfähigkeit können sehr verschiedenartige Motivationen haben: Streben nach Nahrung, Genuß, Reichtum, Macht, Sicherheit oder sozialer Anerkennung. Je nach den Bereichen und Aufgaben, wo etwas zu leisten ist, kommt den verschiedenen Motiven unterschiedliche Eignung zu. Ins Extrem übersteigert, dürften alle genannten Motive eine problematische krankhafte Wirkung haben. Sie reichen allein alle nicht aus, wenn sie nicht in einem gewissen Umfang kombiniert sind mit dem Willen zur Leistung aus Freude an der Leistung, d. h., wenn nicht etwas von dem vorhanden ist, was die Psychologen „Bedürfnis nach Leistung" nennen.

Daß unsere Gesellschaft in ihrer Gesamtleistung auch auf fragwürdige Ziele ausgerichtet war und ist, ist eine Sache, die sicherlich ständig sachlicher Erörterung und Korrektur bedarf. (Gerade im letzten Jahrzehnt ist eine solche Erörterung aus irrationalen Gründen völlig fehlgelaufen!) Daß aber eine solche die Not wendende Korrektur vom einzelnen wie von der gesamten Gesellschaft und von der Funktionsfähigkeit ihrer Ordnung eher mehr als weniger Leistung verlangen wird (will sagen: Mehr Anstrengung, Disziplin, Sachverstand und Fähigkeit zu Übereinkunft, aber sicherlich am allerwenigsten mehr Bereitschaft zum Konflikt um des Konflikts oder des eigenen Vorteils willen) sollte auch denjenigen ohne weiteres plausibel sein, die wenig von den Zusammenhängen unserer arbeitsteiligen Wirtschaftsgesellschaft verstehen.

Die besondere Gefahr für unsere Gesellschaft liegt allerdings darin, daß der emanzipatorische Virus mit seinen asozialen Leitbildern von einer egalitären Antileistungsgesellschaft gerade die jüngeren Jahrgänge besonders befallen hat und bei ihnen nicht zuletzt jenen Teil, der die künftige Führung in allen Gesellschaftsbereichen stellen wird. Selbst utopisch und nihilistisch manipuliert und dadurch in ihrer physischen und psychischen Vitalität geschwächt, werden vielleicht zu viele von ihnen nicht die Kräfte und Fähigkeiten mehr entwickeln können, die für die Lösung der teils vorgefundenen, teils mit verursachten oder verschlimmerten, teils von außen auf uns zukommenden Probleme unserer Gesellschaft in Zukunft erforderlich wären.

Doch darf dies uns nicht daran hindern, die Hoffnung auf jenen zweifellos vorhandenen anderen Teil der Jugend zu setzen, der zwar durch die derzeitigen Verhältnisse verwirrt und orientierungslos geworden ist, aber auf nichts mehr als auf ein neues Gefordertsein durch klare wegweisende Zielsetzungen wartet. Die Anstöße dazu müssen und können nur von uns Älteren kommen, von solchen Menschen, die aus eigener bitterer Erfahrung wissen, daß Freiheit und Demokratie nur echte Lebenschancen haben, wenn die Wahrnehmung von Pflichten nicht nur selbstverständlich ist, sondern für die Mehrheit der Bürger auch so etwas wie Selbstbestätigung und Sinnerfüllung mit sich bringt. Nur dann kann Demokratie zu jener „höchsten Lebensform" werden, von der Theodor Fontane gesagt hat, sie hieße, „in Freiheit zu dienen".

Wir dürfen nicht wieder versagen, wie wir Ende der sechziger Jahre versagt haben. Wir dürfen auch nicht darauf warten, ob der innere Klärungsprozeß, der zur Zeit in den Parteien, mancherorts recht turbulent, im Gange ist, zu einem fruchtbaren Ende oder nur zu einer sich gegenseitig pattsetzenden Polarisierung führt. Jeder einzelne, der die Fehlentwicklung unserer Pseudoemanzipation erkennt, muß an seinem Platz das Mögliche tun, ob nun als Partei- oder Verbandmitglied, als Wähler oder Gewählter, als Erzieher, Kirchgänger, Zeitungsleser, Fernseher oder Theaterbesucher, und dies nachdrücklich und wirkungsvoll. Vielleicht kann man dann auch hoffen, daß sich ebenfalls unter Politikern, Pastoren, Journalisten, Literaten und Künstlern mehr Persönlichkeiten als Widerständler finden werden, die begriffen haben, daß ihr Beruf sie nicht verpflichtet, dem anarchistischen Zeitgeist ständig ihre Reverenz zu erweisen.

Als bloße Mitglieder einer schweigenden Mehrheit können wir nichts ändern. Doch wenn es in den letzten anderthalb Jahrzehnten einer kleinen Minderheit Pseudoprogressiver möglich war, mit Hilfe verblendender Zukunftsbilder und anstiftender Reizworte, die eine Masse von Mitläufern anlockte, ein falsches Bewußtsein zu schaffen und dadurch aus notwendigen Reformen Fehlreformen zu machen, so sollte es auch möglich sein, dies wieder zu ändern, sofern man den Mut hat, die Wahrheit beim Wort zu nehmen. Allerdings wird dies ein äußerst undankbares Geschäft sein.

Literatur

Affemann, R.: Krank an der Gesellschaft, Freiburg/Br. 1973.

Arendt, H.: Über die Revolution, München 1974.

Brezinka, W.: Die Pädagogik der Neuen Linken, München/Basel ^{5}1980.

Dahrendorf, R. und H.-D. Ortlieb (Hrsg.): Der zweite Bildungsweg im sozialen und kulturellen Leben der Gegenwart. Zum 10jährigen Bestehen der Akademie für Gemeinwirtschaft in Hamburg, Heidelberg 1959.

Dahrendorf, R.: Bildung ist Bürgerrecht. Plädoyer für eine aktivere Bildungspolitik, Hamburg 1965.

ders.: Ein neues liberales Credo, in: „Die Zeit" vom 27. 12. 1974.

ders.: Freie Welt in Gefahr?, in: „Die Zeit" vom 9. 1. 1981.

Gehlen, A.: Moral und Hypermoral, Frankfurt/M. 1969.

ders.: Einblicke, Frankfurt/M. 1975.

Geißler, H. (Hrsg.): Der Weg zur Gewalt. Geistige und gesellschaftliche Ursachen der Terrorisierung und seine Folgen, München 1978.

Lipset, S. M.: Mögliche politische Auswirkungen studentischer Unruhen, Hamburger Jahrbuch für Wirtschafts- und Gesellschaftspolitik, 15. Jahr, 1970, S. 317 ff.

Lübbe, H.: Hochschulreform und Gegenaufklärung, Freiburg/Br. 1972.

ders.: Unsere stille Kulturrevolution, Zürich/Osnabrück 1976.

ders.: Endstation Terror. Rückblick auf lange Märsche, Stuttgart 1978.

Nipperdey, Th.: Konflikt – Einzige Wahrheit der Gesellschaft?, Zürich/Osnabrück 1974.

Noelle-Neumann, E.: Werden wir alle Proletarier? Wertewandel in unserer Gesellschaft, Zürich/Osnabrück, ^{2}1979.

Ortega y Gasset, J.: Das Wesen geschichtlicher Krisen, Stuttgart 1951.

Ortlieb, H.-D.: Schatten unserer totalitären Vergangenheit, in: Wirtschaftsdienst, Januar 1966.

ders.: Die Institutionalisierung der Anarchie. Zur Demokratisierung der Hochschulen, Hamburger Jahrbuch, 14. Jahr, 1969, S. 308 ff.

ders.: Die mißverstandene Revolte. Gesellschaftsreform, Hochschulreform und Studentenrevolte, Hamburg 1968.
ders. (Hrsg.): Destruktive Zeitzünder. Asoziale Tendenzen in unserer Bildungsreform, Hamburg 1973.
ders.: Die verantwortungslose Gesellschaft oder wie man die Demokratie verspielt, München ²1973.
ders.: Vom totalitären Staat zum totalen Egoismus. Anarchistische Schatten deutscher Vergangenheit, Zürich/Osnabrück 1978.
Picht, G.: Die deutsche Bildungskatastrophe, München 1965.
Podewils, C. Graf (Hrsg.): Tendenzwende? Zur geistigen Situation der Bundesrepublik, Stuttgart 1975.
Schelsky, H.: Die Arbeit tun die andern. KLassenkampf und Priesterherrschaft der Intellektuellen, Opladen 1975.
Wissenschaftszentrum (Bonn): Mut zur Erziehung, Stuttgart 1979.
Zoeller, M. (Hrsg.): Aufklärung heute – Bedingungen unserer Freiheit, Zürich/Osnabrück 1980.